香格里拉之争——花落中甸

经典云南

马晓璐
苏俊杰 ◎著

云南出版集团公司
云南教育出版社

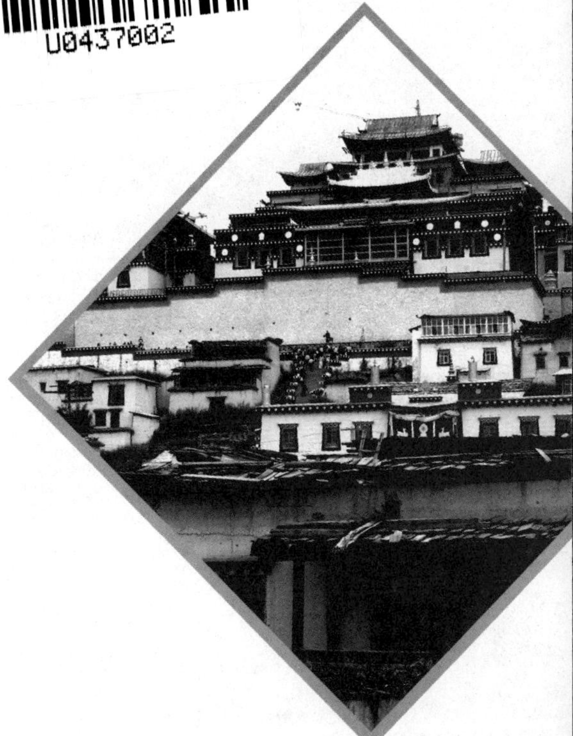

图书在版编目（CIP）数据

香格里拉之争——花落中甸 / 马晓璐，苏俊杰著. — 昆明：云南教育出版社，2012.2
（经典云南丛书）
ISBN 978-7-5415-6228-0

Ⅰ.①香… Ⅱ.①马…②苏… Ⅲ.①香格里拉县-概况 Ⅳ.①K927.44

中国版本图书馆CIP数据核字(2012)第024886号

书　　名	香格里拉之争——花落中甸
作　　者	马晓璐　苏俊杰
策 划 人	李安泰　杨云宝
组 稿 人	吴学云
出 版 人	李安泰
责任编辑	昂学光　王璠
装帧设计	向炜
责任印制	赵宏斌　张旸

云南出版集团公司
云南教育出版社　出版发行

昆明市环城西路609号 www.yneph.com

全国新华书店经销
云南新华印刷实业总公司一厂印刷
2012年6月第1版　2012年6月第1次印刷
787毫米×1092毫米　1/32开本　2.25印张　60千字

ISBN 978-7-5415-6228-0
定价 4.80元

目 录

一、人们为何关注香格里拉 …………………………………… 1
  1. 消失的地平线 …………………………………………… 1
  2. 香格里拉之争 …………………………………………… 5

二、香格里拉何处寻 …………………………………………… 11
  1. 那些被追寻的香格里拉 ………………………………… 11
  2. 拉达克 …………………………………………………… 12
  3. 罕萨山谷 ………………………………………………… 13
  4. 不丹 ……………………………………………………… 15
  5. 尼泊尔的木斯塘 ………………………………………… 17
  6. 四川稻城 ………………………………………………… 20
  7. 云南怒江丙中洛 ………………………………………… 23
  8. 花落中甸 ………………………………………………… 24

三、名副其实的香格里拉 ……………………………………… 29
  1. 更名始末 ………………………………………………… 29
  2. 香格里拉风情 …………………………………………… 32
  3. 普达措国家公园 ………………………………………… 33
  4. 纳帕海 …………………………………………………… 37
  5. 松赞林寺 ………………………………………………… 39
  6. 独克宗古城 ……………………………………………… 42
  7. 龟山公园 ………………………………………………… 45
  8. 德钦梅里雪山 …………………………………………… 47
  9. 尼西 ……………………………………………………… 50
  10. 小中甸 ………………………………………………… 51
  11. 茨中教堂 ……………………………………………… 53

四、心中的香格里拉 …………………………………………… 56
  1. 那些混迹在香格里拉的人们 …………………………… 56
  2. 那些向往着香格里拉的人们 …………………………… 64

总　序

云南，从渺远神秘而又带着蛮荒色彩的"彩云之南"走到今天，一步一个脚印跋涉在中华大地上。

云南山水，多娇诱人。

闻名遐迩的喀斯特地质奇观石林，奇妙无比。

迷人的高原深水湖泊抚仙湖，凝波如玉。

秘境香格里拉的高山草甸，杜鹃如火；巍峨雪山，苍茫古远。

低纬度的明永冰川，从古流到今；高黎贡山的各色鲜花，从冬开到夏。

大理的风花雪月，丽江的小桥流水，版纳的原始森林，腾冲的地热奇景，泸西的阿庐古洞，怒江的东方大峡谷，令人陶醉。

七彩云南，蕴涵的又何止是奇山美水？！

这里，有寒武纪早期生物大爆炸的典型：澄江动物化石群。这里，诞生了中国最古老的人类：元谋人。这里，曾崛起过古滇国、哀牢国、南诏国、大理国。这里，有蜀身毒道、秦五尺道、茶马古道、滇缅公路、驼峰航线。这里，有世界上唯一活着的象形文字"东巴文"。这里，出现了中国第一个海关、第一座水电站、第一条民营铁路。

这里，有与黄埔军校齐名的云南陆军讲武堂。

这里，爆发过反对清王朝统治的重九起义。

这里，在袁世凯复辟帝制时，率先通电全国，举起了护国运动的大旗。这里，举办过垂青史的西南联大，并爆发了震惊全国的"一二·一"运动。这里，曾经涌现了杨振鸿、张文光、蔡锷、李根源、唐继尧、庾恩旸、刀安仁、杨杰等一个个热血汉子；这里，也曾经孕育出书法家钱南园、医药家兰茂、数学家熊庆来、军事家罗炳辉、哲学家艾思奇、音乐家聂耳、诗人柯仲平、舞蹈家杨丽萍、诗书画三绝的担当大师等文化奇才。

朱德、叶剑英，在这里留下了坚实的足迹；徐霞客、杨慎，在这里留下了自己的千古绝唱。

这里还有神奇的云南白药、剔透如玉的云子、独树一帜的普洱茶。

这里的僰人悬棺、纳西古乐、摩梭走婚、白族三道茶、彝族跳菜等滇人风貌和民族风情，更是诉说不尽。

"经典云南丛书"像一根线，把散落于三迤大地的粒粒圆润闪亮的珍珠串连起来，呈现于您的眼前，让您清晰地看到云南山水奇观、人文历史和民族风俗的经典篇章，让您在愉快的阅读体验中增加知识、增长见闻、解密未知。

"经典云南丛书"为百科式解读云南的通俗性读物，融知识性、趣味性、探秘性与时代性为一体，以一种新的视角和叙述方式展现云南的独特之美，以满足人们了解云南、探秘云南、遨游云南的愿望，希望我们所做的一切已达到了。

编　者

一、人们为何关注香格里拉

1. 消失的地平线

"我俩坐下,相对无言,沉默良久。后来,我又开始谈起我记忆中的康伟,那个一脸天真,天赋异常,充满韧性的年轻小伙子。说起那场改变了他的战争,说起那位很老很老的满族姑娘,还有那神奇而遥不可及的蓝色月亮般的梦幻。"

"你认为,他会找到香格里拉吗?"

这是英国小说家詹姆斯希尔顿1933年出版的小说《消失的地平线》中一个神秘而又引人入胜的完结。小说一出版,立刻引起了无数关于香格里拉的讨论,小说也获得了当年英国霍桑文学奖。小说在1944年被好莱坞搬上了大屏幕,成为了当时轰动一时的影片。关于香格里拉何处寻的争论沸沸扬扬延续了数十年,无数的读者为之神往,无数的探险家踏上旅途,然而探寻至今还没有一个唯一的答案。

一些学者或许认为这本当年红极一时的"畅销书""尽管在艺术上并无

《消失的地平线》电影封面

特别的成就,但从人类精神史角度,它却歪打正着地留下不可回避的印记,这是因为它(香格里拉)不仅仅是一个地理上的区域,更成为一个精神制高点,因为

1

无论是在战争阴云密布的1930年代还是物质主义喧嚣的后工业时代,人类都患上一种集体妄想症,那就是逃开现实,寻找一个精神安乐窝,而香格里拉,就是小说作者希尔顿为人类奉献的一剂良药"[1]。

《消失的地平线》描述了康伟等四名西方人在"二战"期间乘坐一架小型飞机撤离发生暴乱的南亚某城市,欲飞往巴基斯坦的白夏瓦。飞行途中,他们发现飞机离开了原定航线,并将他们带到了喜马拉雅山麓的某处,他们得知这里是中国藏区,附近有一座叫香格里拉(Shangri-la)的喇嘛寺,只有到那里才能找到食宿。当他们正准备向香格里拉走去时,一位由十几个藏民簇拥着能讲一口纯正英语的张姓汉族老人出现了,并将关于蓝月山谷,香格里拉还有海拔8534米以上的卡拉卡尔雪山的情况做了简单介

《消失的地平线》封面图案

绍。张和一同而来的喇嘛们带着他们爬山攀岩,穿过一片云雾缭绕的林海,到达了香格里拉中心的喇嘛寺。在香格里拉,康伟和张以及最高喇嘛进行多次交谈,探讨了一系列宗教、哲学问题。在交谈中,他获悉最高喇嘛是当年西方来的传教士,而许多香格里拉人也是在各种机缘巧合中走入这里的,被这里神性的光芒和"适度"的生活原则所吸引而永远留在了这里。康伟和最高喇嘛建立了某种程度

---

[1]祝勇、蒋蓝等著:《稻城——香格里拉精神史》,人民出版社2009年版。

的"心灵感应",而最高喇嘛也有意选他做他的继承人。经过一段时间的体验和观察,他们四人中的三人均认为香格里拉是他们所见过的"最幸福的社会"①。康伟迷恋香格里拉的优美恬静,巴纳德舍不下香格里拉丰富的金矿,布琳克洛小姐则准备在香格里拉传播她所信仰的宗教教义,他们都不愿离开香格里拉。只有副领事马林逊想回到英国,并且一直请求康伟一起离开。后来,香格里拉喇嘛寺的最高喇嘛辞世,马林逊终于抓住了马帮脚夫送货到香格里拉后要离开的机会,请求康伟做伴离开香格里拉,而康伟因为爱慕香格里拉喇嘛寺里另一位神秘的清朝皇族小姐洛森,同意跟他们一起离开。小说中当康伟再次出现时,是在重庆的教会医院,他已丧失记忆,马林逊不知所踪,而在香格里拉看上去只有18岁的洛森,成了医生眼中"见过的最老的女人",她在把康伟送进教会医院后,也很快死去。在坐船回英国途中,康伟在听肖邦的钢琴演奏曲时恢复了记忆,他将自己的经历留给了陪同他回国的朋友。这时,他的脸上流露出一种难以形容的悲哀。一种"宇宙的、遥远而非个人的悲哀"。当天夜里,他便独自一人悄然离去,或许他去找寻香格里拉了。就这样,作者希尔顿将人们带入了香格里拉那悠远而神秘的气氛中,让无数读者在喧嚣的生活里拥有了一个向往,得到了几丝安慰。②

《消失的地平线》插图

---

① (英) 詹姆斯·希尔顿:《消失的地平线》,北京理工大学出版社2009年版。
② 参考百度百科《消失的地平线》词条 http://baike.baidu.com/view/68206.htm

关于探险的精神传统，在许多国家早已有之，许多学者认为，希尔顿这部小说的灵感，就是源于美籍奥地利探险家约瑟夫·洛克19世纪20年代在《美国国家地理杂志》上发表的关于他在中国滇西南、四川等地探险活动的文章。在从1922年到1949年长达27年的岁月里，洛克周游了丽江、迪庆、西康、怒江等少数民族地区，广泛搜集、整理民族文化和当地的自然、地理资料，采集植物和昆虫标本，同时，他还潜心研究纳西族的东巴文化。洛克与当地的纳西族人相处得十分和睦，回到美国后，他曾在给一位朋友的信中写道："与其躺在夏威夷的病床上，我更愿意回到玉龙山的鲜花丛中死去。"[①] 洛克的探险活动一度成为了许多人心中的梦想，《消失的地平线》作者希尔顿或许也是其中之一，作者的这样一部充满冒险猎奇，又拥有着哲学意味的小说，不仅契合了西方人关于神秘"东方"的向往，也符合人类历史上无论哪个国家文明都似乎出现过的"桃花源"情结，就让无数人想把"香格里拉"这一虚构的地域变为现实。

约瑟夫·洛克（左三）

[①] 郭素芹著译：《永不磨灭的香格里拉——百年前一个法国探险家的回忆》，云南人民出版社2001年版。

2．香格里拉之争

"这里有神圣的雪山，幽深的峡谷，飞舞的瀑布，被森林环绕的宁静的湖泊，徜徉在美丽草原上的成群的牛羊，净如明镜的天空，金碧辉煌的庙宇，这些都有着让人窒息的美丽。纯洁、好客的人们热情欢迎着远道而来的客人。这里是宗教的圣土，人间的天堂。在这里，太阳和月亮就停泊在你心中。这就是传说中的香格里拉。"诸如此类关于对香格里拉的描述文章数不胜数，特别再搭配上那些高山、雪峰、经幡、碧蓝天空的图片，一个世外桃源怎能不令人向往。而詹姆斯·希尔顿创造出来的这个香格里拉，风景悠远纯净让人向往，放射出具有神性的光芒，同时又不缺乏世俗的快乐，一切都是适度和和谐的。在这部小说出现的20世纪30年代，整个欧洲在战争的迷雾里迷惘、彷徨，美国经济大萧条使得无数的人们流离失所，在那样一个社会时期，人们需要的不止是一片遥远的东方美丽风景，同时也需要一个灵魂的栖息地。关于灵魂栖息地的问题，似乎每一个时代都存在，从陶渊明的《桃花源记》到托马斯·莫尔的《乌托邦》，再到同样产生于20世纪30年代的全球探险热，人们在不断找寻着一个能在烦扰的世界上慰藉我们的心灵的地方。现在，就在我们生活的周围，同样存在着无数的不安与浮躁，生活节奏如此之快，很多人不再有信仰，在这不安的世界里，哪里才是一个安宁的地方。在《消失的地平线》里，康伟认为生活在香格里拉的人们是他所见过最幸福的人，而一直执著于传播基督教的修女布琳克洛小姐最终也接受了香格里拉的适度与和谐之美。人们在现实生活中无法到达，无法企及的灵魂栖息地，就由作家来为大家创造，于是，詹姆斯·希尔顿用文字创造出一个香格里拉，为那些在纷扰尘世中迷惘、彷徨、无所依托、急于遁世的人们提供了一个乐园，而作者没有想到的，恐怕是在这本书出版多年之后，"香格里拉"会成为一个国际化的商标，并且还有很多地方想要冠以香格里拉之名。

二十年前，没有人知道香格里拉是什么地方，那时候《消失的地平线》还没有被翻译传入中国；那时候，无论我们去云南中甸或者四川稻城或者任何滇西北或者藏区的雪域高原，我们看到的都是巍峨的雪山，散落着无数花朵的草甸，淳朴的民风，安宁而圣洁的寺庙。就像《消失的地平线》中所描述的："整个山谷如同一个内陆港，而俯瞰这海港的卡拉卡尔雪峰是港口的灯塔……突然，伴着一阵清风，从远远的山谷里传来了声响，听到了锣声和号声，还有人群的呜咽（可能是幻觉）。随着风向的转变，声音又淹灭了。接着声响若隐若现，这个蒙着黑纱似的山谷里，传出隐约的生命可闻的声响，衬托出香格里拉威严的寂静。被他遗落的庭院和苍白的阁楼都沉浸在宁静与和谐中，一切人间的烦恼都悄然隐去，留下的是似乎连时间都凝固的寂静。"① 这些风景静静地矗立在那里，散发着光芒，直到有人发现她们，为她们著书立说。而流传出的文字又让无数人为这些风景魂绕梦牵。

十年前，《消失的地平线》传入中国，无数的人们开始猜想那个理想中的人间净土究竟在什么地方。于是，参照书中所描述的景象，一些人猜测香格里拉在滇西北，在云南中甸，在四川稻城，或者在其他什么有雪峰、有寺庙、有山谷的地方。不仅仅是在尘世的压力下，苦于无处可逃的人们开始向往着，找寻着这片净土，各地的政府也组织学者们对香格里拉这一虚构小说中的世界进行科学的探寻和考察。政府部门的这些考察活动，中山大学的学者保继刚将其一语道破：由于香格里拉隐藏着巨大的旅游效益，因而引来了各国政府对其地名之争，印度、尼泊尔都曾经宣称香格里拉在其境内。我国改革开放以来，旅游业逐渐发展起来，也开始了对香格里拉的研究，从而发现希尔顿是以美籍奥地利人洛克早年在《国家地理》杂志上发表的介绍我国丽江、迪庆、甘孜、木里等地的文章为地理背景

---

① (英) 詹姆斯·希尔顿：《消失的地平线》，北京理工大学出版社2009年版。

创造了香格里拉（Shangri-La）这个"世外桃源"。而这个商机，也就引起了长久的"香格里拉"之争。而这些争论，我想希尔顿最初在写作《消失的地平线》的时候是绝对无法预料的。

所有关于香格里拉的争论，从旅游业的发展开始。在1996年的时候到香格里拉去，那里还叫做中甸，游客不多。游完属都湖，经过虎跳峡回丽江，途经哈巴雪山半山腰著名的中途客栈（half-way），可以在黄昏的时候看见对面雪山绛色的山峰安静地伫立，夕阳落下，世界如此安静。老板说，自从开业以来，多半是外国游客光顾，而中国游客则是最近才偶有来临。似乎我们身边的美好事物总是自己发现不了，非要等其他人发现，我们才开始关注。当有很多外国游客开始关注那些风景，各地的政府部门开始意识到旅游业对于经济发展的重要性，于是，宣传打造出一个旅游业的品牌就成了当务之急。就在这时候正好出现了《消失的地平线》，而里面梦幻般的风景，扑朔迷离的世外桃源又和许多地方如此相似，于是香格里拉到底在哪儿就成为了大家争论的话题。谁能最后冠名香格里拉，谁就代表着拥有所有书中描述的梦想与美好，无疑是发展旅游业最好的一张名片。①

于是，关于香格里拉的争论就开始了。

1997年9月，云南省向外界宣布，香格里拉就在迪庆藏族自治州的中甸。这里有希尔顿小说书中所描绘的景象：有雄奇壮丽的峡谷、金字塔般的雪峰、明镜样的高原湖泊、碧毯似的辽阔草甸、金碧辉煌的喇嘛庙、安静苍凉的古城……还有人与人之间的和平相处，多种民族、多种宗教的并存，人与大自然的和谐共生，无不显示出一个远在东方崇山峻岭之中的永恒、和平、宁静的"香格里拉"。许多文章中都出现过对于中甸美景的描述，说那里美丽的湖泊像一颗颗镶在群山中

---

①参见《香格里拉在哪里》《中国青年报》，2001年2月6日第4版。

的绿宝石，碧波荡漾，水天一色，云影波光中，透出无限清丽；湖畔四周，参天巨树，湖边片片杜鹃花，灿烂如锦，景色宜人。壮丽雄奇的众多峡谷，山接云天，壁立千仞，天开一线，谷中鸟语花香，花草葳蕤；清澈的溪水，串成一个个绿汪汪的清潭，宁静如玉，令人目迷神驰。金碧辉煌庄严肃穆的宗教建筑群有喇嘛寺、尼姑庵、清真寺、天主教堂、道观，早晚唱赞声与天籁之音融会贯通，鸟叫虫鸣同宗教乐声和谐悠扬，人们共同在这里生息繁衍，其乐无穷。金字塔般的雪峰，数百里冰娇艳接踵，无数条冰川蜿蜒起伏，气势非凡，恰似一顶顶闪着银光的皇冠宝鼎，挺拔盖世，傲视苍穹。中甸是一处令游人魂牵梦绕的地方，它就是无数人寻找已久的香格里拉么？

当人们纷纷涌入中甸的"香格里拉"后，怒江州又声称真正的香格里拉在怒江州贡山县丙中洛。地处滇藏交界处、汹涌奔腾的怒江大峡谷深处的丙中洛，境内层峦叠嶂、江河纵横，大大小小的雪峰绵亘，一片冰雪世界。一座高达5 128米的"卡娃卡拉"峰，直插云天，呈圆锥璨的银色金字塔雪峰，神圣而平和，被列为藏区十大神山之首。山高谷低，纵横幽深，险恶异常的怒江大峡谷山峰突兀，山岭叠翠江流曲折，惊涛裂岸，一派雄浑气势。丙中洛最著名的景观是"怒江第一湾"。许多人认为，那奔流而来的千里怒江，澎湃汹涌，从西藏跌宕南下，流经丙中洛的王箐大绝壁，由于大绝壁的无情阻挡，猛然向西突转，又被丹拉大山的陡坡挡住，再转向南方，在崇山峻岭间形成一个巨大的半圆形大转弯。湾的两岸树木葱茏，栎花况放，风光绮丽，景色十分迷人。《消失的地平线》一书中曾写到"香格里拉有金矿，盛产黄金"。丙中洛就是一个盛产黄金的地方，自古这里就有"群山蕴宝，众水流金"之说。丙中洛的境内居住着傈僳族、怒族、独龙族、藏族、白族等民族，他们分别信奉藏传佛教、基督教，所以现在还有典型的喇嘛院、别具一格的欧式基督教堂的存在。多民族、多宗教的并存，正是"香格里拉"的一个重要内容。那么，希尔顿心中的"香格里拉"在怒江吗？

可是，云南的丽江地区又有了不同的看法，并宣称香格里拉就在丽江，且找到足以说服人们的有力佐证。理由是被西方学者誉为"纳西学之父"的美籍奥地利植物学家、人类学家、探险家约瑟夫·洛克旅居丽江长达27年之久，以毕生精力研究纳西族的文化，且写成巨著《中国西南古纳西王国》一书，书中用较多篇幅描述的地方和希尔顿笔下的"香格里拉"十分相似，于是，一些学者认为丽江作为"香格里拉"比中甸和怒江地区更像希尔顿笔下的"蓝月亮的山谷"，蓝蓝的湖泊，宽阔的草甸和喇嘛庙。这里的雄古村还有参差错落的农舍，葱茏的翠竹，成荫的栎李，一派田园景色。在雄古村中还清晰保存着清代光绪三十四年的"香各（格）里拉"字迹，足以说明香格里拉在丽江。丽江境内的玉龙雪山，巍巍雪峰延绵35公里，积雪终年不化。雪山中的峡谷、湖泊、草甸、雪峰，无一不流露出"香格里拉"的风采。

除了滇西北的这些地区之外，许多人认为四川的稻城县才是正宗的"香格里拉"，最后的香格里拉在稻城。据称，这里的雪峰、峡谷、草原、湖泊、寺庙，还有恬静的村庄更像希尔顿笔下的人间桃源。位于稻城境内蒙古族"雪域神峰"小贡嘎雪山，直插蓝天。主峰"仙乃日"，意为观世音菩萨，海拔6 032米，为四川省第五高峰；南峰"央迈勇"，意为文殊菩萨，海拔5 958米；东峰"夏诺多吉"，意为金刚菩萨，海拔5 978米。据说峰名都是五世达赖阿旺洛桑嘉措所封。三座终年冰雪皑皑的雪峰，一尘不染，那样恬静那样慑人心魄。雪峰上交错着条条冰川，雪峰中生长着繁茂的森林，雪峰下滋长着肥美的草原。在萨内日和央迈勇两座雪峰之间，还有一个闪烁七彩光晕，色泽变幻无穷的美丽湖泊，剔透清澈得黎明一蓼碧黛的翡翠，又像夜空中一弯月牙儿镶嵌在雪峰之间，旖旎的湖光山色，令人宛若置身于仙境。还有那村庄里和平相处的人们，多姿多彩的民俗民风，多像世外桃源！稻城境内的"香格里拉"，是一处现代人梦寐以求的圣地。并且在《消失的地平线》一书中也提到，当康伟和马林逊跟随香格里拉的脚夫离开时，他们旅程的第一站就是稻城府。①

除此之外,还有西藏、尼泊尔等地的人们也说"香格里拉"在他们那里,"香格里拉"究竟在何方或许真的没有什么关系。就如中国科学探险协会主席、中科院大气物理研究所研究员高登义所说,香格里拉应当是一种精神,所谓的香格里拉名分之争毫无必要,也违背了香格里拉的精神要髓。一个自然风光优美,人们生活安逸,人与自然和谐相处的地方,就是香格里拉;那些自然条件相对稍差,但人们生活和谐幸福,这样的地方称之为香格里拉也未尝不可。此次科考就是要全面解读中国香格里拉的科学内涵,将香格里拉精神传播开来,让越来越多的地方如同香格里拉一样和谐美丽。而著名音乐民族学家宣科也认为,无休止地争论香格里拉具体在什么地方是没有意义的,这样做无可避免地会带有牵强而主观的成分。因为如果能在现实中找到香格里拉,那她诱人的魅力也将荡然无存。就像中国的"龙"一样,意念中似乎无处不在,现实中又无法一睹真容。因为"香格里拉"是洛克笔下和镜头中不同地域的神奇景观和文化,在希尔顿笔下的重新组合和再创造,是人们对"理想世界"向往和追求的一种体现。香格里拉在哪里似乎并不重要,重要的是在这纷扰尘世中,每个人心中都还有着一片净土,一个属于自己的"香格里拉"。

---

① 祝勇、蒋蓝等著:《稻城——香格里拉精神史》,人民出版社2009年版。

二、香格里拉何处寻

人们关于"桃花源"或者"乌托邦"的追寻自古皆有。从古至今,逃世隐居是一些人向往的一种理想,一种哲学或者一种对于现实的失望,人生终极虚无感的安慰。自从詹姆斯·希尔顿《消失的地平线》一书出版以来,由于小说和同名电影的影响,香格里拉成为西方文化中的一个热门话题。德国纳粹政权也曾热衷于寻找香格里拉。希姆莱认为,雅利安人的祖先来自青藏高原,那里可能仍有最优越的雅利安人——"超人"。纳粹政权曾先后派出 7 支探险队寻访香格里拉,试图找到雅利安人的先民。美国总统罗斯福也曾将美国总统在马里兰州的休养地(即现在的戴维营)改名为"香格里拉"。① 可见香格里拉对人们的诱惑,可是香格里拉究竟在何方,我们怎么样才能找到她呢?

1. 那些被追寻的香格里拉

对于香格里拉的追寻,在不同的国家不同的时代都有人去尝试。这些尝试有很多来自于对喜马拉雅乌托邦以及神秘东方的向往,最终产生了一个普遍的共识,那就是香格里拉处于亚洲昆仑山以西直至喜马拉雅地区。在这片广阔的地图上,又有特别的一些地区被认为是真正的香格里拉。例如,印控克什米尔的拉达克、尼泊尔、不丹的一些地区以及中国西藏、云南西北以及川西的一些地方等,均自称是香格里拉。而早在 1957 年,印度国家旅游局向外界声明,位于印度一侧的克什米尔喜马拉雅冰峰下的巴尔蒂斯镇为香格里拉。从 1922 年到 1949 年,美国植物学家约瑟夫·洛克(Joseph Rock)以云南丽江为基地,对中国西南地区进

---

①参见维基百科英文词条 Shangri – lahttp: //en. wikipedia. org/

行考察,并在美国《国家地理》杂志上发表了许多探险日记,对这一地区风土人情进行了详细的介绍。这些文章引起了西方世界对这地区的很大兴趣。又有人认为希尔顿也从洛克的文章中获得了很多素材,书中描述的那些地方,也被许多人认为就是神秘的和谐之地——香格里拉。

2. 拉达克

这些众多的香格里拉之争中,被许多外国人认为是真正"香格里拉"的拉达克位于克什米尔东南部,属于印度控制区,面积45 110平方米,官方语言为藏语和乌尔都语,拉达克位于喜马拉雅山南沿与克什米尔山谷东北部,海拔介于3 000米到6 000米之间,拉达克在高山环抱之中,有一条据说是5 000年前喜马拉雅山中大师开辟出来的小径,经由这条小径步行30天即可进入西藏阿里地区。30 天路程艰苦卓绝,危险重重,要翻越海拔

印度拉达克

5 000多米的多处山隘。该处空气稀薄,千丈悬崖,通不过就葬身其中,即使后退也是死路一条,因为这条小径每年只有夏季一个半月的融雪期可以通过。1975 年才对外开放的拉达克地区的确有"世外桃源"的感觉,北有喀喇昆仑山脉作为屏障,东临青藏高原,西边和南边与喜马拉雅山脉接壤,海拔3 500米的首府列城是拉达克最低的地方。几千年来仅靠数条小径在夏季的两个月接触外界。地理环境决定了当地人可以保持着他们自己的生活状态。走遍世界的旅行家,出版过《天

涯历险》《冰裸南极》《探险式环球旅行》的马中欣曾经三次到过拉达克，并且认为这里就是希尔顿创造的香格里拉的原型。在他的描述中，拉达克的香格里拉什么也不缺，同样有现代化的东西。但是，在那样一个美丽的地方，他们似乎只需享受大自然的美，只需释放心灵，把自己提升到一种自由美好的境界；所以，艺术家、学者、作家与旅行家、摄影师都在拉达克寻找完美的"世外桃源"，不断来到这里，以此完美自己人生中缺少的那份灵气。提到拉达克的风光时，他说，当我在拉达克行走，走过几个山谷后，无法说出哪个是最美的，因为都那么美好。青山与绿谷，蓝天与白云，成为一个自然的整体，根本无法分割出景观的主体与层次，只感觉自己被包围在幻境之中，却怀抱所有的真实景象。① 这人迹罕至、美如仙境的达拉克，是否就是人们苦苦追寻的香格里拉呢？

3. 罕萨山谷

在巴基斯坦北部巴控克什米尔靠近中国边境的罕萨山谷也被认为有可能是香格里拉的原型。它只有161公里长，5公里宽。目前罕萨有居民4.5万余人，距离中国新疆仅仅30余公里。这是一处与世隔绝的神秘地带，只有两条悬于绝壁上的索道通向外界，这里风光如画，恬静如诗，人人过着"日出而作，日入而息"的农耕生活，自给自足，与世无争，鸡犬之声相闻而各家各户长相往来。战争、罪恶、疾病、贫穷、痛苦，在这儿通通都是陌生的名词。1933年，也就是希尔顿发表《消失的地平线》的前几年曾到过那里。这里是一个被几座海拔高达6 000多米的雪山环绕的神秘的绿色村庄，仿佛被世界遗忘的世外仙源，与书中的描写相当吻合，也是希尔顿唯一到过的自称是"香格里拉"的地方，在这本（Hunza）山谷附近的Skardu山谷的香格里拉度假村是附近非常著名的旅游胜地。而

---

① 参考马中欣博客 http://blog.sina.com.cn/u/1302679230

在这里根据《消失的地平线》中描述开设了蓝月旅舍（Blue Moon Hotel）的老板阿敏沙提到自己家乡的时候，总是自豪地说："罕萨是全巴基斯坦最美丽的地方，也是全然不受外面世界污染的人间净土。把这份超尘绝俗的美丽介绍给世界各地的游客，是我终生努力不懈的目标。"接着，他又说道："有时，翻阅他国的报章，我总觉得十分沮丧。在异国记者的笔下，巴基斯坦是个充满了罢工与暴乱、贫穷和疾病、落后与邋遢的地方，这些似是而非的报道，弄得人人裹足不前，旅游业也因此而难以发展。实际上，巴基斯坦幅员广大，各个城市的发展与风貌也迥然而异，不能一概而论。就罕萨而言，风光优美、民情淳朴，说它是世外桃源，绝对当之无愧。那些久居于此的人固然根深难拔，就算那些在外工作的人，总也想方设法回来定居。"罕萨还是世界有名的长寿之乡，据介绍当地人几乎不怎么患病，六七十岁根本算不上老人，八九十岁仍然可以在地里劳作，健康地活过百岁也是稀松平常之事。很多人甚至忘记了自己的年龄，还有报道认为这里的人们平均年龄有117岁，还有人认为这是因为这里有着超常的神秘力量，而科学家们经过实地考察，发现了罕萨人长寿的秘诀。一是饮食。罕萨人喜欢吃粗制面粉、奶制品、水果、青菜、薯类、芝麻等。他们还喜欢适量饮用一种由葡萄、桑葚和杏制成的烈酒"罕萨之水"。二是得天独厚的自然条件。罕萨山谷附近有许多冰川、河流，这些水体中含有丰富的矿物质，常年饮用有利于人体健康。罕萨人在种庄稼时也用这种水进行灌溉，从来不施农药，种出来的瓜果蔬菜特别有营养。三是生活习惯。罕萨人多以务农为生，古朴的生活习惯使他们远离了现代社会的恶性竞争，又为自己的长寿增加了一块砝码。[1] 罕萨的自然人文风情都和詹姆斯小说中描述的情节十分相似，而且詹姆斯本人也曾经到过这个地方。罕萨，似乎就是

---

[1] [英]莎莉·比尔： 《世界五大长寿村饮食大揭秘》，网络版。http://vip.book.sina.com.cn/book/catalog.php?book=126353

很多人心目中的香格里拉。

4．不丹

直到20世纪90年代之前几乎与世隔绝的不丹国，以它神秘的宗教及独特的自然风光也被认为是最后的香格里拉。不丹人把他们的国家称作"竺域"，意为"雷龙之国"。在向外部世界开放的同时，不丹一直固守着尊崇大乘佛教的文化传统，与华夏民族一样，不丹人相信自己是龙的子民。这个雪山下的小国在20世纪八九十年代对外开放前，几乎是外人止步的地方。直到三年前，全球64亿人，一年只有0.0001%（约6000人）的人有机会亲临这块神秘的土地。在不丹的喇嘛会告诉外来者，"每逢不速之客闯进山谷，我都来此祈求神灵降下大雪，把他阻在山外"。很快喇嘛的祈祷就会得到应验，刚才还好好的天空一下子乌云弥漫，随即降下鹅毛大雪，正如冰雪封锁着帕洛山谷。长久以来，喜马拉雅山脉就像不丹王国的保护屏，把它与外界隔开。夹在中国和印度两个大国之间的不丹，面积仅有4.6万平方公里，与瑞士一般大小，大部分国土群山矗立，稀疏散布其中的有70多万国民。兰花、野罂粟和罕见的雪豹就在这个与世隔绝的环境中生长，这里还有传说中的喜马拉雅雪人。如果步行穿过茂密的高海拔橡树林，在林中山路上很有可能目击虎爪的印痕，南亚虎通常出没于低海拔的森林地带。有那么丰富的旅游资源，不丹人却不加以开发利用，这也是够另类的。但毕竟他们追求的发展不是国民生产总值的增长，而是国民幸福总量的增加。不丹国人担心大批量游客会给本国文化和环境造成严重的负面影响不是没道理的。世界许多地区的乡土文化不是已在一群群游客的光顾下逐渐失去了其本质特性而变为纯粹的表演文化吗！不过，虽然不丹人对舶来品挑肥拣瘦，步步为营，但在全球化的时代，不丹人也不是一概地拒绝外国提供的现代化援助。目前活跃在他们国家提供发展咨询服务的外国顾问多半来自高山之国，即阿尔卑斯山脉的两个小国，瑞士和奥地利。瑞士和不丹的国土面积（4万多平方公里）和地貌都很接近，因此两国的合作尤其紧密。有瑞士和奥地利这两个拥有世界前几名最适合人类居住城市的国家给不丹提供可借鉴的发展经验，不丹确实和希尔顿描述中的"香格里拉"有着相似之

不丹

处，也有很多人称它为"喜马拉雅山下最后的香格里拉"。然而，电视、互联网和民主化，这些不丹王国为了与世界接轨而不得不引进的新事物已给不丹社会带来了一系列问题。据报道，不丹自从1999年有了电视后，抢劫、偷盗、暗娼和走私香烟等各种罪案已逐年增加。① 如此发展下去，"最后的一个香格里拉"最终是否会消失在地平线很难预料。传统文化如何在全球化和现代化的冲击下找到其合适的平衡，对各处想成为"香格里拉"的地方都是一个难题。

---

①参见新华网："不丹概况"http://news.xinhuanet.com/ziliao/2002-06/18/content_445371.htm

5. 尼泊尔的木斯塘

木斯塘

除此之外，被许多人认可为香格里拉地区的还有尼泊尔靠近中国边界的小城木斯塘。木斯塘位于中国西藏与尼泊尔交界的地区，平均海拔4 500米，只有7 000人，是一处人烟稀少的雪域高原，它在历史上曾经是一个独立的王国，语言文化和中国西藏非常相似。在18世纪并入尼泊尔版图，却一直很少有人知道它的存在。木斯塘王国（Mustang）位于我国西藏自治区和尼泊尔的交界处，历史上是西藏的一部分，过去是尼泊尔的一个自治王国，如今这里是尼泊尔国道拉吉里专区的一个县。它位于尼泊尔的多波（Dolpo）和马囊（Manang）两省之间。"木斯塘"藏语的意思就是肥沃的平原。木斯塘南北长80多公里，东西宽度最窄处为45公里。该地的气候比较干旱，年降水量在250到400毫米之间，降水量在木斯塘的版图内是南多北少。面积3 571平方千米，人口约15 000人，平均海拔2 500米以上。北面与西藏仲巴县和萨嘎县接壤。木斯塘的主要河流是甘达基河

(Gandaki River),这条河流从东北的喜马拉雅流向西南的尼泊尔特来平原(Nepal Terai)。该河流的一段叫特戈古纳河谷(Thak Khola),是世界上较深的河谷,全球闻名。该地的行政中心是觉木松(Jomsom),是桑巴宗(Dzong Sampa)的所在地,"宗"是一个行政区划,相当于县。觉木松城在1998年有5 300多人。自1962年以来,觉木松便开始发展城镇经济,自20世纪70年代当地开放旅游以来,这里已经成为一个旅游胜地,还拥有小型的机场。20世纪70年代木斯塘开放旅游只针对尼泊尔的国民,直到1991年和1992年,木斯塘才开始允许非尼泊尔人前去旅游,但是依然要严格监管。外国人需要得到许可证才能进入,当地规定每个外国游客需要10天花费500美元。毕竟当地与中国西藏交界,比较敏感。当地一直闭关锁国,所以如今保存的风俗景观和几百年前没有什么区别。2007年至2008年,一支由学者专家和登山家组成的探险队前往尼泊尔探寻木斯塘的秘密和文化宝藏,也希望能发现《消失的地平线》中描述的香格里拉圣境的秘密。因为早在1992年,尼泊尔的旅游部门也宣布过这个小镇就是香格里拉。虽然探险队员们发现了木斯塘的风景和书中描述的景致有些相似之处,可是谁能确定这就是香格里拉呢?

除了这些靠近喜马拉雅山的许多地方都被不同程度地认作了香格里拉之外,自从《消失的地平线》一书传入我国,借着书名而推动旅游业的发展策略也在我国许多地方被看好。无论是政府行为,按图索骥地去发现一个神性香格里拉,还是许多民间学者自发地去探寻,又或者只是人们把心中的一个梦想化为现实,在我国的许多地方,如四川木里藏族自治县、四川稻城、云南怒江丙中洛、云南中甸县等等,香格里拉的名字开始被渐渐叫响。

著名的英国历史学家以及纪录片制作人麦克·伍德(Michael wood)拍摄的系列纪录片《追寻神话和英雄之香格里拉》中描述到,神秘的香格里拉存在于失落的古格王朝君王居住过的首都阿里土林。古格王国是在公元10世纪前后,由吐蕃王朝末代赞普朗达玛的重孙吉德尼玛衮在王朝崩溃后，率领亲随逃往阿里建立起来的。10世纪中叶至17世纪初，古格王国雄踞西藏西部，弘扬佛教，抵御外侮，在西藏吐蕃王朝以后的历史舞台上扮演了重要的角色。曾经有过700年灿烂的文明史的古格王朝，它的消逝至今仍是个谜。据说1630年，与古格同宗的西部邻族拉达克人发动了入侵战争，古格王国就此灭亡。古格王国遗址在阿里札达肥札不让区象泉河畔的一座土山上，占地约18万平方米，是全国第一批重点文物保护单位之一。整个遗址建筑共有房屋洞窟300余处、佛塔（高10余米）3座、寺庙4座、殿堂2间及地下暗道2条，分上、中、下三层，依次为王宫、寺庙和民居。外围建有城墙，四角设有碉楼。在其红庙、白庙及轮回庙的雕刻造像及壁画中不乏精品。伍德认为，香格里拉阿里土林就在这个区域。1624年的夏天，两名葡萄牙传教士FR. António de Andrade和Manoel Marquesl来到了古格王朝并且获得了当时国王的同意在当地自由传教，并于第二年的夏天在那里建立了两座基督教教堂，后来这一地区被拉达克国王和他的军队入侵，传教活动就被制止了。而这一点与《消失的地平线》一书中描述的香格里拉寺庙由西方传教士所建极为相似，也难怪后来有一部分西方人认为那里才是真正的香格里拉。①

美国探险家Ted Vaill和Peter Klika②于1999年来到了四川木里藏族自治县，在这里，他们找到了木里大寺，并且认为这就是希尔顿小说《消失的地平线》中香格里拉的原型。原因是希尔顿《消失的地平线》的灵感被认为有一部分来自于美籍奥地利探险家约翰·洛克发表在美国《国家地理》杂志的几篇文章。洛克分别于1924年、1928年、1929年三次经永宁（泸沽湖地区）进入木里。1928年他从木里出发，6月抵达与今四川省甘孜州稻城亚丁自然保护区交界处的

---

①Allen, Charles. (1999). The Search for Shangri-La: A Journey into Tibetan History. Little, Brown and Company

②参考外文网 http://www.khamaid.org/about_kham/news/shangrila_part_i.htm

"贡嘎岭地区"的冲古寺。木里藏族自治县地处青藏高原南缘,横断山脉中段,位于四川省西南边缘,境内山峦重叠、河流环绕。县境东面和东北面与冕宁县及甘孜州九龙、康定二县隔雅砻江遥望,北面与甘孜州雅江、理塘二县接壤。西南和西北面与甘孜州稻城县连界,南面和东南面与本州盐源毗邻,西南面与云南省迪庆藏族自治州中甸县、丽江地区宁蒗彝族自治县犬牙交错,并同云南省丽江地区丽江纳西族自治县一江相隔。县内最高海拔5 958米,最低海拔1 470米,相对高差大,气候、土壤、植被呈明显的垂直变化,形成"一山有四季,十里不同天"的立体气候。另外,木里村还盛产黄金,这里有着一条流淌着金沙的水洛河,而这也与《消失的地平线》中对于香格里拉财富的描述非常相似。探险家Vaill根据他们的调查,拍摄了电影《找寻香格里拉》,并且在2007年的戛纳电影节上首映。

6. 四川稻城

在我们寻找香格里拉的过程中,在香格里拉究竟在何处的争论中,中国云南的丽江、云南怒江州的丙中洛、四川甘孜州的稻城等几个地方也都宣称自己才是真正的香格里拉所在地。真正混淆国人视听的是现在的中国地图上标有两个香格里拉。首先旅游经济意识较强的云南省抢先申请,民政部于2001年12月17日批准将云南省的中甸县更名为"香格里拉县"。但旷日持久的"香格里拉之争"并未因此而尘埃落定,意识相对滞后的四川省拿出洛克当年在稻城亚丁拍摄的轰动世界的三座神山的探险照片,以其不容置疑的重量级证据,证明真正的香格里拉并非云南中甸。这确实让相关管理部门很为难,在无法更改前一个决定的背景下,只好于2002年1月25日又正式批准了四川省政府的申请,将原稻城县日瓦乡更名为香格里拉乡。稻城和中甸这两个地方,也成了后来旅游专家提出的"大香格里拉"概念的核心区域。如此这般的争论,似乎和希尔顿当时写作这一小说的初衷大相径庭，况且，"香格里拉"不过是一个虚构的地域名称而已，这样的争论，又是为了什么呢？

稻城县位于四川省西部，青藏高原东南缘，横断山脉东侧。东南与凉山州木里县接壤，西接乡城县，并与云南省中甸县毗邻，北连理塘县，总辖区面积7 323平方公里，呈长条形。1990年，全县辖3个区、14个乡以及金珠集市1个，隶属四川省甘孜藏族自治州。全县有藏族、汉族、纳西族、回族、蒙古族、苗族、彝族、土家族、黎族、白族等民族，共有人口25 445人，其中藏族24 496人，占全县总人口的96.27%。县人民政府驻金珠集市，海拔3 740米，是甘孜州第四高城，距州府康定432公里，距省会成都810公里。稻城古代名"稻坝"，藏语意思为山谷沟口开阔之地，东汉为白狼羌地，唐属吐蕃，元属吐蕃等路宣慰司，明属朵甘都司，清属理塘土司，清光绪年间，设立了"稻坝委员"。县境内，属横断山系的贡嘎雪山和海子山，坐落南北，约占全县总面积的三分之一。全县境地形复杂，北高南低、西高东低，最高点为南部的贡嘎雪山萨内日峰，海拔6 032米，最低处为东义区南部色空村，海拔1 900米。全县地势自西北向东南倾斜，山脊河谷相间，天然划分为三个类型区：北部为典型的丘状高原，海子山骈稻城河，海拔3 600～5 020米，高差1 420米，丘状、冰蚀岩盆和断陷盆地遍于表面，草原辽阔，是发展畜牧业的良好基地；中部为半高山山原地貌，波瓦山骈赤土河，平均海拔3 500米以上；南部高山峡谷区，俄初山骈东义河，海拔2 000～5 000米以上，溪流发达，森林茂密，风景优美，曾经在很长的时间里与世隔绝，宛如世外桃源。除此之外，让约翰·洛克着迷的是，在他离开中国后的生命中反复出现的，还有稻城的那三座永恒而圣洁的雪山。三座神山全名念青贡嘎日松贡布，是小贡嘎山岭上最突出的三座雪峰，汉语的意思为"终年积雪不化的三座护法神山圣地"，这三座山独特的山形被赋予了独特的宗教意义，历史上藏传佛教中最著名的莲花生大师在公元8世纪的时候为她开过光，以佛教中除妖降魔的三位一体观音菩萨、文殊、金刚手为三座雪山加持。其中"仙乃日"雪山为观世音菩萨，仙乃日雪山是亚丁景区三大高峰之首，是四川第五大山峰，海拔6 032米，巍峨伟丽，端庄祥瑞，周围是冰蚀峰林地貌，冰川和冰川遗迹及高山湖泊，峰向北偏10度，西对北斗星，佛、道两家都把北斗星视为吉祥之星。其次整个雪山是个环形冰斗下斜造型。"央迈勇"雪山为文殊菩萨，央迈勇雪峰为"三怙主"雪山的南峰，海拔高度为5 958米，在佛教中排在"三怙主"雪山之首。文殊菩萨在佛教中是智慧的化身，雪峰像文殊师利手中的智慧之剑直指苍穹，冰清玉洁的央迈勇傲然于天地之间。当洛克在1928年到达云南与稻城毗邻的群山重岭中，遥望见了央迈勇，被她圣洁、高贵的气质折服，在他的日记中写到"她（央迈勇）是我见到的世界上最美的山峰"。① "夏诺多吉"雪山为金刚手菩萨，海拔5 958米。她山峰耸立在天地之间，在佛教中是除暴安良的神祗，他勇猛刚烈，神采奕奕，跨下围着斑斓的虎皮，腰间绕着罪恶的大蟒，洛克先生把他形容为展开巨翅蓄势待飞的蝙蝠，将他比喻成希腊神话中的雷神，神山的左边绿色大理石山头为布鲁财神，右下方为马头金刚，马头金刚下方"丹霞风林地貌为八百罗汉"，有着超越尘世的纯净与美好，这三座雪山以及周围和谐的自然环境，不断召唤着来自各地的朝圣者，也成了许许多多人心目中的香格里拉，而她那神性的光芒感动了当年来到这里的约翰·洛克，让他写下了那些动人的考察报告，在1928年至1931年被美国《国家地理》杂志连续刊载，让整个世界看到了这块处女地，也让詹姆斯·希尔顿由此产生了创造一座世外桃源的想法，并写出了举世闻名的《消失的地平线》。

稻城的人文和自然风景是无可比拟的，她让包括洛克在内的各类探险家魂牵梦萦，让无数的旅游者慕名而来，让没有来过的人们把它看做是东方风情的代表，

---

① 祝勇、蒋蓝等著：《稻城——香格里拉精神史》，人民出版社2009年版。

逃世理想的终点站。可是，稻城县日瓦乡改名为香格里拉乡或许和中甸更名为香格里拉县一样，更多是发展旅游业的需要。可无论如何，对于那些想要追寻香格里拉身影的人们，这里同样可以成为一个寄托梦想的地方。

7．云南怒江丙中洛

在这场对于香格里拉的争论中，云南怒江州的丙中洛也曾经榜上有名，被认为是世外的香格里拉。丙中洛位于怒江傈僳族自治州、贡山独龙族怒族自治县的北部，距州政府所在地六库329公里，距贡山县城43公里。东邻迪庆藏族自治州德钦县，南连捧当乡，西与缅甸接壤的独龙江乡，北邻西藏林芝地区察隅县。全乡总面积823平方公里，地势北高南低，是滇西北三大山脉即高黎贡山、怒山、云岭，与三江即怒江、澜沧江、金沙江形成倒"川"字的"三江并流"核心区。怒江由北向南贯穿全境，东面为碧罗雪山，西面是高黎贡山，两山夹一江，形成明显的高山峡谷地貌。丙中洛自然景观奇特，境内有国家级4A景点3个，怒江第一湾、石门关和丙中洛田园风光，省政府批准的一级景点2个，二级景点6个，三级景点3个。丙中洛呈不规则四边形，地势北高南低，最高峰嘎娃嘎普雪山5128米，终年积雪。丙中洛是一个典型的多种宗教并存，人神共居的人间仙境，世外桃源，在周围的群山中有十座有名有姓的神山，且每座神山都有自己的神主，他们分别是：甲衣更念其布（嘎娃嘎普雪山）、巴拉生更格布（贡当神山）、正桶都吉江才（怒江第一湾西面的雪山）、信灵干嘎日浓（怒江第一湾西边的仙人洞）、衣当都吉帕姆（纳侬夺村的帕姆仙人洞）、扎朵达雅初姆（秩科当大悬崖）、杰才木拉目吧（达拉村南箐雪山）、登雀其吉布卓（仙女洞）将太下灵信木（纳侬夺村悬崖）、妮日宗甲姆（日宗山）。除此之外，每个奇峰怪石，每棵大树，每个箐沟都有自己的神灵。丙中洛是一个多宗教并存且和谐相处的地方。《消失的地平线》书中曾写道："香格里拉有金矿，盛产黄金。"丙中洛就是一个盛产黄金的地方,自古这里就有"群山蕴宝,众水流金"之说。丙中洛的境内居住着傈僳族、怒族、独龙族、藏族、白族等民族,他们分别信奉藏传佛教、基督教,所以现在还有典型的喇嘛院、别具一格的欧式基督教堂的存在。多民族、多宗教的并存,正是"香格里拉"的一个重要内容。除此之外,一些专家还考证出书中提到的"香格里拉"有一座"KARAKAL"(卡拉卡尔)峰,而在丙中洛有一座卡瓦卡布峰,不仅发音相近,而且据当地专家考证,在喜马拉雅山脉东部地区唯有丙中洛的卡瓦卡布峰才同时拥有两个"KA"(卡)的音,这也成为一些人相信"香格里拉"在云南怒江丙中洛的证据。

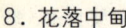

8. 花落中甸

在这场关于香格里拉究竟在何处的争论中,最终以云南省中甸县更名为香格里拉县而告一段落,我们来看看许多人心目中的"香格里拉"——云南的香格里拉。

云南香格里拉是一片人间少有的完美保留香格里拉风光自然生态和民族传统文化的净土。香格里拉县是一个以藏族为主体,地域辽阔、资源丰富的县份,素有"高山大花园""动植物王国""有色金属王国"的美誉。从大理沿滇藏公路北行315千米,可达迪庆藏族自治州首府中甸县城中心镇,距昆明659公里,乘飞机约50分钟可到达。中甸共有著名旅游景点24个,是一个自然景观、人文景观的富集区域,是国家八大黄金旅游热线之一。地处青藏高原东南边缘、横断山脉南段北端,"三江并流"之腹地,形成独特的融雪山、峡谷、草原、高山湖泊、原始森林和民族风情为一体的景观,为多功能的旅游风景名胜区。香格里拉景区内雪峰连绵、巍峨壮丽。仅中甸县境内,海拔4 000米以上的雪山就达470座,峡谷纵横深切,最著名的有金沙江虎跳峡、澜沧江峡谷等大峡谷,还有辽阔的高山草原牧场、莽莽的原始森林以及星罗棋布的高山湖泊,使迪庆的自然景观神奇险峻而又清幽灵秀。香格里拉生活着藏族、傈僳族、汉族、纳西族、彝族、白族、回族等13个民族,他们团结和睦,在生活方式、服饰、民居建筑以及婚俗礼仪等传统习俗中,都保持了本民族的特点,形成了各民族独特的风情。① 有学者考证,唐代凤仪年间,吐蕃控制了中甸坝子,在大龟山顶建立了一座石头城堡,藏语"独克宗"意思是月光城,后来明代丽江木氏进驻中甸,在奶子河畔建立"尼旺宗"意为日光城,于是当地人把两座城市合称为日月城。后来,藏族学者齐扎拉和勒安旺堆对"香格里拉"词源进行探究,认为在藏语方言中,"香格里拉"中的"香"为心的意思,"里拉"为日月,合起来正是"心中的日月"②。而这一点,成为日后许多人认定香格里拉就在云南迪庆中甸县的有力证据之一。

自从2001年12月17日国务院批准迪庆藏族自治州的中甸县更名为香格里拉县之后,整个地区的旅游业发展突飞猛进。香格里拉的主要景区虎跳峡、碧塔海、松赞林寺、白水台、纳帕海、依拉草原、梅里雪山、白茫雪山、小中甸花海、香格里拉大峡谷、萨马阁自然保护区、达摩祖师洞等等都时刻等待着游客们的关注。雪山环绕之间,分布有许多大大小小的草甸和坝子,土地肥沃,牛马成群,它们是迪庆各族人民生息繁衍的地方。在这片宁静的土地上,有静谧的湖水、神圣的寺院、淳朴的康巴人,一切都如人们梦想中的伊甸园——香格里拉。迪庆不仅有青藏高原雪山峡谷的风貌和藏族风情,还可领略到内蒙古大草原"风吹草低见牛羊"般的壮丽景色。除此之外,香格里拉县还有着神秘深邃的宗教文化。迪庆25个民族世代杂居,各信其教,相融共处,举世罕见。藏传佛教、基督教、东巴教、本教、天主教、伊斯兰教等各具特色。松赞林寺、东竹林寺等寺庙建筑宏伟,而这和《消失的地平线》一书中作者对于在香格里拉山谷宗教的融合与和谐

---

① 杨世光著:《香格里拉史话》,云南人民出版社2002年版。
② 齐扎拉、勒安旺堆著:《云南迪庆——香格里拉揭秘》,云南人民出版社1999年版。

的描述非常相似。

又有学者认为,"香格里拉"一词,源于藏经中的香巴拉王国,在藏传佛教的发展史上,其一直作为"净土"的最高境界而被广泛提及,在现代香巴拉小院词汇中它又是"伊甸园、理想国、世外桃源、乌托邦"的代名词。据藏经记载,其隐藏在青藏高原深处的某个隐秘地方,整个王国被双层雪山环抱,由八个呈莲花瓣状的区域组成,中央耸立的同环雪山,初称为卡拉巴王宫,宫内居住着香巴拉王国的最高领袖。传说中的香格里拉里居住着具有最高智慧的圣人,他们身材高大,拥有自然力量,至今仍从人们看不到的地方借助于高度发达的文明通过一种名为"地之肚脐"的隐秘通道与世界进行沟通和联系,并牢牢地控制着世界。事实上长期以来,这条"地之肚脐"的神秘通道,一直作为到达香格里拉王国的唯一途径而成为寻找香格里拉的关键。于是,"香格里拉"在中国藏区,甚至是在云南藏区似乎又有了一个依据[1]。

迪庆藏族自治州的州府出于对开发旅游经济的考虑而将中甸县更名为香格里拉县,似乎让很多人对于香格里拉的追寻有了一个归属之地。可是现今的学者普遍还是认为,香格里拉是一种向往的地方,是心灵中的理想国度,未必真实存在,正如桃花源一样。不过无论原著中关于香格里拉风情的描述,还是可以追溯到的关于詹姆斯·希尔顿的灵感来源,几乎可以说香格里拉的原型在中国西南的横断山脉中,因此现今人们普遍认为:在云南、四川、西藏交界的藏区为希尔顿笔下的香格里拉。此川滇藏地区的范围大致包括:丽江、泸沽湖、香格里拉(云南迪庆中甸)、梅里雪山、虎跳峡、最后的香格里拉(四川稻城亚丁)、四川泸沽湖、贡嘎山、丹巴美人谷、太阳谷(四川得荣)、乡城、西藏芒康、昌都、波密、墨脱、雅鲁藏布江这一大片区域。这一带的风景与《消失的地平线》中描述的总体

---

[1] 祝勇、蒋蓝等著:《稻城——香格里拉精神史》,人民出版社2009年版。

一致,特别是书中提到的很有特点的东西在这里都能够找到,如梅里雪山、稻城亚丁三神山等。但书中未具体提到某个地点,这也是争论至今还在不断进行的原因,也是后来"大香格里拉"地区概念提出的基础。

而我们从商业炒作或者旅游发展的眼光来看,中甸更名香格里拉的行为,确实也有它不可或缺的意义。早在20世纪七八十年代,就有消息不断传出,香格里拉已经被找到了,在印度在尼泊尔等等,但是后来被认为是旅游经济上的需要而进行的炒作,非严格意义上的学术认证得来的。云南很早就认识到开发旅游对经济的促进作用,也最早提请中央政府批准香格里拉的更名,当四川省政府认识到旅游经济的重要性的时候,香格里拉的名称命名已经不可更改了,于是四川省政府就将四川境内的稻城亚丁的日瓦乡更名为香格里拉乡。这还不够,还将稻城亚丁加个前缀——"最后的香格里拉",还将最原汁原味的香巴拉名称授予稻城亚丁。因为县级城市的更名需要中央政府的批准而不好擅自更改,于是就在四川境内以香巴拉的名称来称呼稻城亚丁。这样的争斗,使"香格里拉"成为了一个品牌,在这个品牌作用下,无论是云南中甸还是四川稻城的旅游业都得到了大力的发展。稻城旅游业起步于1999年,当年的旅游人数还不到1 000人,到了2003年,游客增长到7万人,2011年的1月至10月,游客已经突破13万。虽然总量不是很大,但是增长的速度是非常快的,而云南迪庆藏族自治州中甸县在更名之后,编制了全县的旅游总体规划,严格要求以规划为龙头,先规划、后开发,科学分配旅游资源,划分了5个不同特色的旅游区;加强旅游基础设施建设,修通了全县旅游东环线,把沿线的著名景点虎跳峡、白水台、碧塔海、属都湖、天生桥等景点连成旅游黄金线,并扩大外延,修建香格里拉至德钦、维西公路。当地人民的生活水平因此得到了大幅度提高。虽然也有很多人认为,旅游业的开发,不可避免地对当地的自然环境和人文环境造成破坏,使得本来是"世外桃源"的香格里拉变成"室内的游乐场"。而这些呼声也使得当地政府意识到保护

环境的重要性,现在需要做的是要大力规范旅游行业的管理,对景区环境保护作出严格规定。就像丹增研究员所说:"世界要和谐,人类要发展。我们研究香格里拉,不是简单地划地为界,把谁排除在这个概念之外。"高登义也说:"香格里拉不是'消失的地平线'。让和谐发展的香格里拉成为全人类的理想,让整个地球都成为香格里拉,那该有多好!"

三、名副其实的香格里拉

1. 更名始末

人们认识一个地方,最直接的印象便是从地名开始的。作为云南滇西北旅游业一面旗帜的香格里拉,无疑是最吸引人的一个名字。然而,香格里拉这个耳熟能详的名字作为一个确切的地名出现仅仅只有十年的时间。在那之前,这片土地被人们称为中甸,再之前,还有更为古老的名字。

现在的香格里拉县城是在原来建塘古城的基础上建成的,而建塘藏语又称结塘,是一个古老的地名。自唐代以来,在汉、藏史籍中有多达十数

中甸

种不同的同音异体词。明代弘治以后,纳西语取"酋长住地"之意将建塘命名为"主地",汉语音译为"中甸"。清代以后,沿用中甸之名直到 2001 年更名为香格里拉。

香格里拉一词目前认定首先出现于 1933 年英国作家詹姆斯·希尔顿创作的长篇小说《消失的地平线》,而把这部小说中一个虚构的代表理想中的"世外桃

源"的名字——香格里拉引入现实的,是一个云南的导游孙炯[1]。

1995年,时任云南某家国际旅行社市场部经理的孙炯在北京参加了全国优秀导游考评,其中一道试题中有这样一个陈述:英语"香格里拉"(Shangri-La)一词最早见于英国小说《消失的地平线》,描写的故事发生在中国西南的某一藏区。孙炯由此受到启发,产生了联想,香格里拉会不会就在云南的藏区呢?

回到家乡后,孙炯开始阅读《消失的地平线》,并开始寻找真正的香格里拉。期间,云南的一些热心文化人士也纷纷加入,比如孙炯的老师周善甫,云南资深旅游人士高世忠和朱运宽、汤世杰、张福言、何中孚、张金明、何祥庆等作家、记者和民间文化人士。在他们天南地北的谈论中,云南的迪庆藏区,逐渐成为众人关注的焦点。

第二年春节,1996年,孙炯和他的朋友前往丽江和中甸进行实地考察,希望能将脑海中香格里拉的抽象美景在滇西北寻找到现实的样板。他们前往碧塔海、松赞林寺和小中甸等地,对照《消失的地平线》一书进行考察。孙炯在迪庆藏族自治州政府招待所和时任中共迪庆藏族自治州委书记的格桑顿珠不期而遇,并主动抓住这个机会向格桑顿珠介绍了《消失的地平线》一书以及自己期望将香格里拉策划在迪庆的初步设想。格桑顿珠在听了孙炯激情洋溢的展望后很兴奋,并约见他改天到家中详谈。

其时,格桑顿珠也踌躇满志地谋划着如何加快迪庆藏族自治州的发展速度。这个从小长在迪庆藏族山村的康巴汉子,正在研究如何把迪庆建成全国最好的藏区之一,而此时孙炯的一番言辞和构想,正好吻合州委的工作设想和迪庆发展的宏图。

---

[1] 汤世杰著:《香格里拉——一个文化品牌的现代传奇》,载于新浪读书频道2006年11月7日。

第二天，格桑顿珠书记亲自把孙炯接到自己家中畅谈迪庆发展的蓝图，孙炯畅谈香格里拉未来的美好旅游图景，格桑顿珠书记激动地表示，现在已经看到了香格里拉品牌将为迪庆藏区带来的巨大文化和经济价值，这是提高迪庆知名度，打开迪庆通向世界之门的一把金钥匙。

有了迪庆藏族自治委和格桑顿珠书记的大力支持，在孙炯及相关人士的策划下，一支由新加坡报业集团、新加坡国家电视台和旅游界人士组成的"新加坡寻访香格里拉采访团"一行12人受到迪庆藏族自治州的邀请，于1996年4月来到中甸进行访问。期间，州委书记格桑顿珠和中甸县委书记齐扎拉向客人详细介绍了中甸（香格里拉）的自然与人文景观和今后迪庆藏族自治州的旅游发展规划。几天考察结束后，代表团深深被这片神奇美丽土地上的风土人情所吸引，在回国后利用各种媒体对迪庆藏族自治州和中甸县进行了各方面的报道，在国际上产生了一定的影响力，为香格里拉归属地落锤营造了较好的舆论氛围。

在考察结束后的三个月，格桑顿珠书记和孙炯又受邀参加了新加坡秋季国际旅游博览会，并且带去了大量的迪庆风光图片、藏族歌舞表演和当地的土特产等，在新加坡延续了之前的"香格里拉"热潮，为以后在国际上策划香格里拉奠定了基础。之前从未在国际舞台上谋面的中甸县，此次以香格里拉之名，借助淳朴神秘的藏族文化和秀丽的自然风光，获得了当地媒体的大量嘉奖，中国驻新加坡大使馆公使聂海清对此高度赞赏，称在中国云南发现了香格里拉。

凯旋后，格桑顿珠立即向省政府和主管云南旅游工作的牛绍尧副省长汇报了对于迪庆开发香格里拉的初步设想。之后，牛绍尧应许，由省政府经济研究中心牵头，会同省政府办公厅、省旅游局、迪庆藏族自治州及省级有关部门，组建由牛绍尧任总顾问，格桑顿珠任组长，省旅游局局长刘平、省政府研究中心副主任车志敏任副组长，并吸纳了迪庆藏族自治州、中甸县相关负责人和学者以及云南省其他专家学者在内的"云南迪庆香格里拉旅游开发工程课题组"，从文学、民族学、宗教学、地理学等多角度对迪庆尤其是中甸进行大规模的考察、研究与论证。

得益于省政府的关心和支持,1996年10月,一个名为"在中国云南寻找香格里拉"的考察活动正式启动。1997年9月14日下午,云南省政府在"迪庆藏族自治州建州40周年"活动举行的新闻发布会上宣布,举世寻觅的世外桃源香格里拉就在云南迪庆。当天晚上,英国广播公司BBC便将该条新闻在伦敦快讯中向全世界播送,而国内各大媒体也纷纷予以报道,传递着同一个消息:香格里拉在云南迪庆藏族自治州。

为了加快迪庆藏族自治州的发展,在格桑顿珠书记的努力下,迪庆香格里拉机场在1999年5月正式通航,为未来的旅游发展提供了便捷的交通航道。一年后,由成都至昆明经中甸前往拉萨的航线也正式开通,从此深藏高原的香格里拉开始向外界迎来更多的游客。

2001年是一个真正让中甸县成为香格里拉县的年份。时任迪庆藏族自治州州长的齐扎拉,在相关部门的支持下,联合州委和当地政府,于2001年8月正式向国务院申报将中甸县更名为香格里拉县。终于在同年的12月17日,国务院正式批准中甸县更名为香格里拉县。至此,唯一一个以香格里拉命名的地方在中国云南省迪庆藏族自治州的中甸县出现了。

香格里拉,尘埃落定。

2. 香格里拉风情

香格里拉长久以来一直以高山草甸、湖泊、峡谷、雪山和藏族寺院以及汉藏人民与自然和谐相处的优美风情吸引着众多中外游客。大多数的景点都分布在现今迪庆藏族自治州香格里拉县的周围,基本都已经被开发为旅游景区。香格里拉作为一个世人理想中宁静、纯净而和谐的栖息地是离不开广阔的自然环境的承托的,而最真实最质朴的香格里拉风情,也恰恰在这片土地随处可见的高山流水处、村舍屋檐下、花枝草叶边。这里自始至终存在并延续的自然和生活场景,就是最真实的香格里拉风情。

当然,作为远道而来的游客,依然不能免俗去探寻那些被前行者赞赏有加的经典景区,下面加以介绍。

3.普达措国家公园

普达措高山草甸 　　　　　　　　普达措高原湖泊

普达措国家公园以其依季节不同而显现出来的多彩的高原湖泊和草甸、森林景色而闻名,号称中国大陆第一个国家公园,历来作为探访香格里拉的中外游客必去的景点之一。

公园距离县城约22公里,现在已经开通了定时班车。若干年前,这里只是两个明净的高原湖泊——碧塔海和属都湖,游客有机会在当地骑马或者徒步前往充满自然野趣的景点。如今两个湖泊已经被电瓶车路线和长距离的人工木质栈道连接起来,形成了一个面积巨大的公园。

早晨从香格里拉汽车客运站可以乘坐中巴车前往公园景区。在短短一个小时的路途上,最为美丽的香格里拉风情逐渐展开,在铺满绿草的土地上,点缀着藏族人家的四方宅院,周围散落着高高的青稞架,野花星星点点地落在草丛间,不时有牦牛和马匹在其间悠然地散步。对很多初次来到香格里拉的人来说,这可能就是最令人感动的香格里拉风情,一种从四面八方包裹住自己的宁静和悠闲,让人忍不住想停车驻足。

随着草原逐渐变作山丘,中巴车把游客载到普达措国家公园停车场。这里的软硬件服务设施非常先进,旅游开发非常成熟,从衣食住行各个方面都可以为游客提供服务。由于高原山区气候寒冷,在入口处还提供有偿的羽绒服和罐装氧气租售。

2011年8月我们探访的时候,公园门票是每人190元,包括所有景点门票和电瓶车费用及基本的导游讲解服务,其他可选的收费项目只有碧塔海的30元船票。另外,在检票口会有工作人员向游客散发经过公园盖戳的纪念卡片,但是需要缴纳10元费用。

经过排队,游客会被分配坐上公园内部的环保电瓶车进入景区游览线。在车上,一路看着窗外细雨朦胧中的碧绿草地和各色野花,一边听着讲解员的介绍,可以更多地了解当地景色的背景知识。

电瓶车到达的第一个景点是属都湖。此湖海拔3 705米,面积15平方千米,湖中盛产一种"属都裂腹鱼",据说鱼身金黄色,腹部有一条裂纹,故名。属都湖在藏语中称为"属都措","属"意为奶子,"都"意为汇集,属都湖即汇集奶子之意①。

的确是这样，一路上都可以看到鲜嫩的绿草和茂密的森林，路边还有被称为"酥油花"的绿色大叶子植物，听说当地藏民早先都用这种宽大的叶子包裹酥油。在这水草丰茂的地方，那些牛羊一点也不在意行驶来的车辆，安静地享受自己的时光，不愧这"属都"的含义。

车子停在栈道入口处，体力尚可的游客可以选择徒步走完属都湖，全程大约一个多小时，而其他游客也可以乘车继续沿湖前行。

入口处紧邻湖畔，可以看见清澈的湖水如明镜般填充着绿色树林间的洼地，倒映着白桦林灰白的树干和浓绿的树林，水上水下连成一片。围绕湖水的山峦不高，满山的绿树铺下来，再高的山顶都看不清了，被轻薄的白色雾气所环绕，宛若仙境般纯净。

湖边的栈道可以一直沿着滨水的水草和湿地，环绕大半个属都湖。在夏季末期，满山都是不同浓淡的绿色夹杂着粉、黄、蓝色的小野花；在初夏时节，山坡和湖边满是一片鲜艳的杜鹃花，气氛热烈欢快；在秋季，可以看到一片金黄的山林倒映在水中的绚烂，又是另一种童话般的境界；在冬季，清晨的湖面上会弥散一层白雾，更加迷人。

在栈道穿行的森林中，不时还可以看到小松鼠在树干间穿梭，它们一点儿也不怕人，如果你向它们投食物，它们反而会跑过来讨要。在人少的时候，也听说会有麝、鹿、豹等野生动物前来饮水。

在属都湖的另一端有乘车点，继续前行来到弥尼塘观景台。这是一处高原草场边的平地，可以高高在上面远望脚下山谷间伸展开的一片牧场。广阔的草场只有两三幢简陋的木质小屋，冒着炊烟，周围是懒散的牛马正在吃草，简单而富有

---

① 参考"云南省迪庆藏族自治州旅游局"官方网站 http://www.shangrila-travel.cn/

生活情趣。在这样宁静的山间,如此情真意切的场景让人不禁留恋。

继续乘车前行就是普达措国家公园的另一个重点景区——碧塔海。

"碧塔"在藏语中是像牛毛毡一样柔软的海的意思。整个湖面被覆盖着茂密树林的群山所包围,一片苍翠的绿意。据说湖中的清澈之水来源于周围雪山溪流的汇聚。听导游介绍,碧塔海最著名的是"杜鹃醉鱼"的景观。每年春夏时节湖水周围开满了杜鹃花,成熟的花瓣飘落水中,鱼儿将它误食。由于杜鹃花有微毒,于是轻微中毒的鱼儿们犹如醉酒一般,翻着白色的肚皮漂浮在清幽的水面上,随波荡漾,成为奇景。甚至,连湖边森林中的狗熊也会趁着夜色来到湖边打捞漂浮的鱼儿食用,令人趣想连连。

可惜的是,当我们 7 月底去考察的时候,山脚边的杜鹃花已经凋零,鱼儿也已经潜入深水,只留下一池的宁静和倒映的绿色,在细雨烟云中静静沉淀。

刚进入碧塔海的时候,可以看到一座小山,长满了高耸的绿色树林,于是,这也成为"碧塔海"名字的由来。不仅如此,在游船码头,还看到一些关于此地的传说故事,相传天女梳妆时不小心掉落的镜子破碎成了许多人间的高原湖泊,而碧塔海就是其中一块镶嵌着绿宝石的最美的镜片。此外,还传说这里是《格萨尔王传》中所提及的"毒湖"。姜岭大战至碧塔海后,因为看到冰天雪地,湖光朦胧的景象,岭国的骑士们误入湖中而被淹没,转败为胜的姜国认为这是碧塔山神护佑的结果,便在湖中小山上建造了庙宇。又有人说这岛是明代纳西族木天王的避暑地,还有人说这是寻宝者建造的庙……

碧塔海的栈道较长,有 4.5 公里,如果一路走走玩玩需要 3 个小时左右。当然,也可以在栈道入口处花费 30 元乘船游览湖水。

碧塔海的栈道有较长一段是在湖边的山坡和树林中穿行,可以近距离地感受深林野趣,新生的嫩叶,扑倒的枯枝,还有挂满树枝随风摇摆的松萝,都是有趣的见闻。在最后走出湖水的地方,是一片宽阔的草场,溪流淙淙,山花盛开,令人惊喜，是一个拍照的好地方。

从碧塔海出来就可以直接乘车回到公园大门，最迟下午5点会有班车返回香格里拉县城客运站。回程中，会经过一处名为"天生桥温泉"的旅游点，可以在此享受温泉，缓解长途步行的疲劳。从天生桥沿回程走5公里左右还有一处"霞给（下给）温泉"。

4. 纳帕海

纳帕海

纳帕海其实就是一片广阔的高原草甸，并不是一个真正的湖泊或者海。据说，每年雨季的时候，三面高山的雪山融水和大量雨水顺着溪流的汇入，才使得这片草甸变成湖泊。当然，这片湖泊能有多大，是我们之前没有料想到的。

纳帕海距离香格里拉县城7公里，可以顺着去德钦的公路前往。我们考察的时候是包车去的，每个人10块钱的单程车费。不知道是纳帕海的入口太多还是道路不顺畅的关系，我们是顺着去香格里拉机场的方向来到纳帕海景区的。这里是山间的一块草甸，地势开阔，一边是机场，一边就是景区。

一下车就在门口被当地牵马的藏族朋友围住，声称如果骑他们的马进入纳帕海的各个景点可以不用缴纳每个人60元的门票。但是发现骑马的费用最低为每人120元，所以我们和其他大多数游客一样，买了门票步行前往。

在公路边远眺纳帕海草原觉得很近，走进去才发现里面十分广阔。这里其实是一片草原、湿地和沼泽并存的地貌，有的地方积水多，就成了湿地和湖泊，有的地方水干了，就变成草地，有当地人在放牧牛马。春夏时节，这里通常会开满各色的野花，到了夏末秋初，这里鲜红色的狼毒花就成片地铺满绿色的草甸，以一种强烈的对比色调映衬在蓝天白云下。而到了秋末冬初，又会有国家一级保护动物黑颈鹤和野鸭、斑头雁等候鸟来此过冬，为冷寂的草原平添了动情的温暖。

在夏末的纳帕海散步，我们满眼还是依旧鲜活的嫩绿，连接着不远处的高山的深绿。虽然临近中午，成片的云雾依旧低回在山涧，把天的蓝和山的绿调在一起。随着天上云彩的飘动，日光将云朵的影子投射到山坡的绿色绸缎上，不断变换着深浅不一的色调，仿佛手织的素色牛毛毡。

脚边的草地上稀稀疏疏地盛开着杂色的小野花，凑近了看就是一副春天的气息，低下身子远远地望过去，就是一幅秀丽的刺花毛毯。

如果想要进入更远的景点，看到真正的湖泊、大片的牛马和藏族房屋，需要骑马进入，因为走不了几公里就会遇到一条河水阻拦在面前。而如果从香格里拉至德钦的公路一侧进入，就可以看到更广的水域，而这样的景色，竟是在我们第二天从尼西回来的路途上偶然间发现的。

从县城到德钦的公路经过县城北郊的高山植物园，站在这里就可以远眺纳帕海的全景，将草原上最大面积的一个湖泊尽收眼底。如果乘车顺着纳帕海的环湖公路回县城，则可以更加全面地看到这里一望无际的广阔草原和分布其中的藏族人家及成群的牛马。因此，要想饱览沿途的美景，还是包车或者骑自行车前往更好。

在纳帕海南边不远，距离香格里拉县城西南7公里的地方，有一处据说可以同时观赏到包括梅里雪山、哈巴雪山和玉龙雪山在内的8座雪山的景点——石卡雪山。这个景区的交通很方便，入口设在俯瞰纳帕海景区的一个山垭口。不过，这座雪山并不能徒步攀爬或者坐车前往，进入公园大门以后需要乘坐两段高山索道达到山顶的观景点。含索道费用的景点门票高达220元。如果不想经历舟车劳顿前往德钦等地朝拜梅里雪山，可以在这里的山顶远远地眺望，然而，是否能如愿看到8座雪山，则要视天气和运气了。

5．松赞林寺

松赞林寺

作为世人追求精神宁静的圣地，香格里拉自然离不开藏传佛教的支撑，而香格里拉城北的松赞林寺就是这里最大的精神殿堂。

松赞林寺全名为噶丹松赞林寺，是云南省规模最大的藏传佛教寺院，也是藏区格鲁教派最负盛名的大寺，为清朝康熙皇帝和五世达赖所敕建的藏区十三林之一。整座寺庙坐落在佛屏山前，高低错落的寺院和民居建筑依山势依次排列，庄严而生动，因其外观形似拉萨布达拉宫而号称"小布达拉宫"。

"噶丹"表示传承黄教祖师宗喀巴首建立之噶丹寺；"松赞"即指天界三神帝释、猛利和娄宿的生活场所；"林"即"寺"。噶丹松赞林寺于藏历第十一绕迥阴土羊年（1679年）兴建，于阴铁鸡年（1681年）竣工。据说寺址是达赖喇嘛占卜求神所定，神示曰："林木深幽现清泉，天降金鳌嬉其间。"建成后的松赞林寺成为本地区政教合一制度的最高机构，成为滇、藏、川藏区佛、法、僧"三宝"具备的殊胜道场，各地到此朝圣的信徒也是终年络绎不绝，香火极盛[1]。

松赞林寺位于香格里拉县城北面5公里处，有3路公交车直达，也可以骑自行车前往。主体建筑坐北朝南，本来翻过一座小山坡就可以看见寺院全貌，但是近年来为了旅游收益和管理入寺人员，需要缴纳85元的门票，否则连远远望见松赞林寺的机会都没有。

下午，我们乘坐景区的专用公共汽车进入寺庙外围观看日落时分的松赞林寺。当汽车爬上山坡的时候，眼前立刻出现了松赞林寺的全貌，阳光下以一种庄严肃穆的气氛，披挂着阳光的金色，占据着整个山坡立面，面对着水草丰茂的拉姆央措湖，风景秀丽。随着汽车穿过村寨慢慢靠近寺院脚下，才逐渐感受到松赞林寺的生活气息，山顶的金顶大殿高高地耸立在山头，俯瞰着众生。原来山脚下那些错落有致、用黄色泥土和石块砌筑的藏式院落都是僧人居住的僧舍。僧舍错落地散布于主寺周围，从下往上分布，由八大康仓进行管理。"康仓"藏语意为僧团，就是按照僧侣籍贯或者来源地的地域划分，将大寺僧侣划分为若干团体进行管理，形成教区的区域性组织。康仓由老僧主持，下设念哇、格干等办事人员，相对独立地管理教区的行政、宗教、经济事务等。

沿着气派的大门进入到一条宽阔的石板路，左右就是四方形的僧舍，外墙用

---

[1] 参考"松赞林寺管理局"官方网站http://www.songzanlinsi.com/

黄色泥土、石块和木料构筑，屋顶是木条或者板瓦铺设的平顶。窗户不多，门很小巧，用暗红的木料做框架，普通房子只有简单的金黄色油漆，华丽的人家有五色油彩绘制的精美的门楣，屋檐椽头漆成白色，很有藏族特色。

继续前行，就是一路直上的石阶梯，直达山顶的扎仓和吉康两大主寺。中间的主殿为五层藏式碉楼结构，金顶红墙，重峦叠嶂，屋宇高敞，两边的配殿左右列阵，寺门悬挂着高大的黑色幕布，绘制着藏族的吉祥图案，气氛神秘。

主寺前面有香火炉，终年香客不断，而寺庙内部更是游人如织，只能排队顺时针慢慢移动，或是祈福，或是捐钱，只能停留片刻。室内的氛围充满浓厚的宗教意味，精美异常的壁画和挂饰、法器满堂异彩，檀香缓缓围绕宇宙，让人心中无不腾起一种谦卑而崇敬的心情。

在主寺的周围分布着其他的僧舍，在不同的季节，可以观赏到门前屋后那些自然盛开的暗红色和黄色花朵，也可以进入其中的一些僧舍参观，或者与从石板小路间经过的小和尚聊上几句。主寺之外的其他僧舍一般较少有人光临，那些曲折幽深的小巷子在土黄或者灰白的房子间绕行，空闲时间走进去转一转，不会迷路，倒是会邂逅一栋精美的大门，一扇精致的木窗，一朵墙角乐观的格桑花，或者一个身着深红色僧袍的喇嘛。

走累了，站在面向山坡的小路边，可以远眺香格里拉县城，也可以近观山脚下的拉姆央措湖。如果赶上天晴，在此观看日出或者日落，等待金色的日光从云层投射到大殿的金顶之上，该是怎样一幅意境悠远的图画。

当静静站在这宗教精神和自然景色完美结合的地方，不自觉有一种飘飘然的感觉，仿佛忘记了城市生活中的种种不悦，淡化了物质生活的种种纠葛，心中纯纯净净，灵魂和肉身随着暖和的风，七彩的云和明亮的阳光一起升腾。

6. 独克宗古城

独克宗

香格里拉县城的布局简单清晰。北面是新城,以长征大道和香巴拉大道两条并列平行的主街道为主线,分布着规划整齐的商业和住宅区,而在新城南边以达娃路为界,便是所谓的香格里拉古城——独克宗古城所在地。

独克宗古城以龟山公园为中心,环绕其四周分布。据说,早在唐代吐蕃王朝便在今天的大龟山上设立寨堡,名为"独克宗",意为"月光城",而另有一座名为"尼旺宗"的古城在奶子河边与之相对而建,意为"日光城",两者寓意日月交辉。也因此,两座日月之城部分印证了"香格里拉"在藏语方言中意为"心中的日月"之意[1]。

---

[1] 叶孝忠、易晓春、毛燕鸿、胡圳著:《中国旅行指南系列——云南》,三联书店2010年版。

从客运站乘坐公交车，打车或者步行向南都可以方便地到达独克宗古城。说实话，第一眼看到这里就有一种似乎在全中国的名城古镇都可以感受到的似曾相识，仿古建筑，满街的商店，涌动的游客，仿佛又回到了十年前丽江的样子。

独克宗古城原来很小，就是龟山脚下的一些土石结构的民居，多为藏式的小院子，而现今整个古城似乎已经焕然一新了，从入口宽大的停车场进入，便是新修葺的石板路面，两边是黄褐色的仿古小楼，有的是藏式风貌，有的和丽江等地的民居样式差不多。通常，一楼都开设为商店铺面，经营当地的特色产品，比如牦牛肉干、牦牛皮毛制品、银器、陶器和金石器等少数民族手工艺，还有的开做酒吧、餐馆和旅社等，业态和大理、丽江基本一致。

相比较大理和丽江古城，这里还是显得相对比较清静，不像丽江古城那样到了晚上九十点钟依旧是人头攒动，喧哗无比。也许因为这里规模较小，游客接待能力有限，也许因为香格里拉夜晚气候寒冷，游人都在室内活动。不管怎样，理想中和现实中的香格里拉都应该是宁静而淳朴的乡村风格，有些冷寂，又很亲切。

独克宗古城规模较小，虽然小街小巷也不少，但很容易在一个小时之内把它走遍，只是古城内部少有地图指示牌，最好手边有一张地图或者带一个指南针。经过几年的旅游发展，古城的角色主要为餐饮、娱乐、住宿和购物，外加一些旅游展示设施。

本地的饮食以藏族风味为主，但也随处可见川味、大理风味和尼泊尔、印度等地风味，形成了与其他古城不同的美食文化。藏族特色饮食以牦牛肉、酥油茶、青稞面食为主，基本城内所有餐馆都可以提供，不过，不同餐馆制作的相同藏式食物却有区别。

刚到独克宗古城，我们便被街边醒目的"牦牛肉火锅"招牌所吸引，准备大快朵颐。由于想品尝正宗的藏式味道，所以我们来到一家用香格里拉尼西黑陶锅烹煮的牦牛肉火锅店，却发现味道清淡；而第二次当我们去到一家川味牦牛火锅店的时候，才发现还是川味的牦牛肉火锅最好吃，香辣适中，比较符合重口味的人群。

除了牦牛肉火锅和满大街贩卖的各种口味的牦牛肉肉干，酥油茶、牦牛酸奶、牦牛奶酪和青稞粑粑、青稞酒也是香格里拉著名的特产。酥油茶几乎在所有的餐馆都可以品尝到，大约5块钱一茶杯，一般都是用茶叶和酥油现场打制的。初次尝试，可能会觉得腻、腥，难以下口，但多喝几次，便会喜欢上这种醇厚、浓香而且回味无穷的味道。牦牛酸奶也和大多数市面上销售的酸奶一样用玻璃瓶包装，但是味道更加纯正，微酸，似乎感觉到从前喝的酸奶都是加糖制作的。

奶酪一般用牦牛奶或者羊奶制作，和我们之前在市场上买到的包装奶酪或者零食制品完全不同。我们第一次见到奶酪是在一户藏族人家的厨房，而那只是一大块圆形，淡黄色，柔软，类似黄油的东西，而且还有小昆虫在四周飞舞。用刀切下一块品尝，却发现是酸而微甜的味道，奶香扑鼻，蘸糖食用味道更好。

香格里拉的藏族食品大多以浓厚的牛羊奶味和面食为主，比如青稞面炒制磨粉以后和酥油茶混合制作的糌粑，这些食物都比较油腻，外地游客一般吃不惯，于是，城中其他餐馆提供的大众口味的饮食也就有了市场。很多外国游客同样慕名而来，所以，不难找到具有异域风味的西餐厅、东南亚餐厅和酒吧、咖啡馆。当然，这里最值得品尝的还是来自尼泊尔和印度厨师制作的正宗东南亚美食。

独克宗古城内的休闲娱乐活动和国内的其他古城差不多，喜欢安静的可以找个咖啡馆或者清淡的酒吧小坐，喜欢热闹的可以在灯火迷离的古城内走街串巷逛小店，喜欢闹腾的可以到几家藏族酒吧参加器乐表演和音乐派对。

值得一提的是，在古城中的四方街小广场上每天黄昏时候会有群众自发性的健身娱乐活动——锅庄舞。无论游客还是当地藏族同胞，大家都围成一圈，手拉手欢快地随着音乐翩翩起舞。锅庄舞又称为"果桌""歌庄"等，藏语意为圆圈歌舞，是藏族三大民间舞蹈之一，分布于西藏、四川、云南、甘肃等的藏族聚居地。舞蹈中，一般男女各排成半圆，手拉手围成圈。整个舞蹈由先慢后快的两段舞组成，基本动作有"悠颠跨腿""趋步辗转"等，参与者手臂以撩、甩、晃为主变换舞姿，队形按照顺时针方向绕圈进行，圆圈半径随着参加人数的增多而逐渐扩大或者分成内外几层，场面热闹欢快。

古城内外的锅庄舞已经逐渐演变为群众自娱自乐的健身活动，或者满足外来游客好奇心的体验活动，没有什么规则，大家图个乐子。这也是古城最具有民族风情的群众娱乐活动。

7. 龟山公园

龟山公园

龟山公园坐落在独克宗古城内部的一座小山丘之上，紧邻月光广场。月光广场是一块开阔的平地，北边是藏经堂，南面是迪庆藏族自治州博物馆，广场西边设计有一个三龙喷水池，顺着后面的石台阶逐级而上便是香格里拉县城的最高点大龟山——龟山公园所在地。

龟山其实不高，但由于周围都是低矮的藏式平房，所以登高而上，可以鸟瞰整个香格里拉县城的风貌。龟山四周山脚下都是黄墙灰白顶的传统民居，屋顶用白石块压住灰白色的木板，一片片连接起来，色调柔和而古朴。再往远去，跳出古城的范围，开始出现现代化的楼房和蓝色的不锈钢屋顶，建筑形式杂乱起来。再远些，就是连绵的群山，铺满绿草，随着白云的移动而在草甸上变换着深浅不一的阴影。

龟山山顶有一座藏式寺庙，名朝阳楼，如果清晨和黄昏来此，环绕朝阳楼走一圈，可以欣赏到无比美丽的日出或者日落美景，看着阳光怎样翻过山顶照进这片现实中的世外桃源。在朝阳楼旁边的山腰上，矗立着一座巨大的金色转经筒，据说是世界上最大的，已经申报吉尼斯世界纪录。这座高大的转经筒下面有一圈环形的把手，来自天南地北的游客和当地的藏民都会前来转一转，祈福求运。于是，在翠绿的山间，在白云之下，这个金色的转经筒在阳光下熠熠生辉，日夜不停地转动着，闪耀着香格里拉不灭的精神。

山脚下的州博物馆、藏经堂和龟山公园一样都实行免费开放，值得花点时间游览。

州博物馆是一座仿藏族碉楼式样的现代化博物馆，一楼展示迪庆的历史文化发展，从石器时代、青铜时代的文化遗存一直讲述到现代的非物质文化遗产，其中有大量当地发掘出土的文物和民间收集的手工艺品、宗教用品和上世纪外国传教士来到迪庆藏族自治州传教时遗留下来的文书和物件。二楼的展览主要是关于藏医藏药文化，系统展示了藏医药的发展历史和文化内涵，可以亲眼见到许多珍贵的藏医药实物标本和民间医疗器具。不过，展厅的后半部分被分割为一排藏医诊疗室，大量观众被鼓励参与其中的求医问药活动。

州博物馆对面就是始建于清朝雍正二年（1724年）的中心镇工公堂，也称藏经堂，曾经是当地藏民议事、集会及举行宗教活动的中心，现在命名为迪庆红军长征博物馆。这座建筑融合了汉藏风格，外面是藏式外廊结构，里面的中心建筑却是一栋汉族风格建筑，三重檐歇山顶殿堂。1936年4月红二方面军长征时路过中甸，曾经在这里召开了中甸会议。贺龙曾经在藏经堂的厢房居住过，因此现在还有一系列的红军革命历史展览，并且在主殿建筑的旁边建有一座贺龙元帅的青铜雕像供人瞻仰。

在龟山公园的附近有几家销售香格里拉手工艺品的店铺，其中有尼西黑陶、藏族天珠、当地人制作的各种小件饰品和不少结合了现代设计元素的纺织制品，很有意思，可以购买一二，作为纪念品。

如同古城内的四方街，每天黄昏时候在宽阔的月光广场下会有群众自发的锅庄舞活动，外三层里三层，其中有不少身着藏族服装的大叔大妈，舞姿娴熟优美，也有不少新加入的外地游客，虽然动作笨拙，但是依旧欢声笑语地手舞足蹈，追寻着一种在天地间自由舞动的畅快心境。

8．德钦梅里雪山

梅里雪山

如果少了梅里雪山——这座至今仍然无法被人类征服的圣洁雪山，香格里拉还不足以拥有神秘而高洁的氛围。梅里雪山位于迪庆藏族自治州德钦县东北方10公里处，滇西北青藏高原南延的横断山脉纵谷地区，在地理上是滇藏界山。梅里雪山又名太子雪山，北连西藏阿冬格尼山，南与碧罗雪山相接，平均海拔在6 000米以上的山峰有13座，形态各异，又称为"太子十三峰"，是藏民心中的圣山、神山，世代受到当地人们的祭拜。群山之中最高的是主峰卡瓦格博峰，海拔6 740米，为云南省的第一高峰①。

梅里雪山公园景区内有怒江、澜沧江、金沙江3条大江并流数百公里，三江间直线距离最近处仅为66.3公里，其中怒江、澜沧江最近处只有18.6公里。这片区域是云南省面积最大、景观最丰富、动植物保护最完整的原生态地区，2003年7月被联合国教科文组织批准列入《世界自然遗产名录》。

梅里雪山以其巍峨壮丽、神秘莫测而闻名于世，早在20世纪30年代美国学者约瑟夫洛克就称赞卡瓦格博峰是"世界最美之山"。自此以后，陆续有雄心壮志的登山队前来挑战圣山，但都魂归雪域，其中最为壮烈的是中日联合登山队在上世纪90年代初进行的三次登山壮举。目前，针对梅里雪山的登山活动已经被政府禁止，这既是对当地宗教文化的保护，也是对雪山区域自然文化的保护。

"卡瓦格博峰"藏语为"雪山之神"，传说是宁玛派分支伽居巴的保护神，位居藏区的八大神山之首。如果幸运地赶上了好天气，在悠远谧净的蓝天背景下，可以看到高洁雄奇的卡瓦格博峰白色锋芒直指苍穹，意境悠远，引得无数人翻越千山万水来此静静仰望。

卡瓦格博峰的南侧有从千米悬崖倾泻而下的雨崩瀑布，在夏季尤为神奇壮观。因其为雪水融化形成，故而色纯气清，在阳光照射下，云蒸霞蔚，水雾又将阳光折射为彩虹，蔚为壮观。在卡瓦格博峰下，冰斗、冰川连绵，犹如玉龙伸延，是世界稀有的海洋性现代冰川，具有极高的科学价值。这里的高山湖泊、茂密森林、奇花异木和各种野生动物也是雪域特有的自然之宝。高山湖泊清澄明净，在各个雪峰之间的山涧洼地、林海中星罗棋布，且神秘莫测，据说，若有人在此高呼，就有"呼风唤雨"的效应，可以引得山雨欲来，故而路过的人几乎都敛声静气，

---

①参考"云南省迪庆藏族自治州旅游局"官方网站http://www.shangrila-travel.cn/

不愿触怒神灵,这也是吸引游客前来探秘的奇异风情之一。

梅里雪山景区处处皆是山谷、森林与溪流,在每一个信奉万物有灵的藏族同胞心中,这一草一木、一山一水如同藏传佛教中的噶举派保护神护佑着他们的家园,引领着他们走向佛土。在梅里雪山下有取登贡寺、衮玛顶寺,是藏民朝拜神山的寺宇。"衮玛顶寺"藏名为"那卡扎西",这个名字似乎陌生,但它的另一个汉族名字——"飞来寺"几乎无人不知。这个寺庙本身很小,也没有什么规模宏大的建筑群,但是它的地理位置非常好,大多数游人都会到这里的观景台远望梅里雪山。

从飞来寺出来顺着滇藏公路214国道前行约十多分钟就可以到达公路左边的飞来寺梅里雪山观景台。2010年开始,这里正在建设大型观景平台,门票60元。在公路右边有住宿区,各类旅游者都聚集在此,其中不少的旅馆酒店内部都可以直接看到梅里雪山的景色。一般在秋季能够清晰地看到梅里雪山的景色,此外,如果想拍摄清晨第一缕日光照射在雪山之巅的"日照金山"美景,需要根据当时的日出时间安排行程,例如夏至前后日出在清晨6点左右,冬至则要推后至上午8点左右。也正因为梅里雪山的尊容不是轻易可以见到,所以来到此地的游客相互最常问的问题就是,"有没有看到梅里雪山?"而凡是看过的游客,莫不感到荣幸和激动。

如果在德钦旅行的时间宽裕,可以尝试参加梅里雪山的"转山"。这是一种当地藏民从古延续至今的朝拜方式,用来膜拜位居藏传佛教八大神山之首的梅里雪山。梅里雪山的转山分为"外转"和"内转"。内转只是在卡瓦格博峰和面茨姆峰东面的一小块区域中进行,有既定的线路,而外转则是顺时针方向绕梅里雪山外围走一圈,经过德钦和西藏察隅、左贡等地。当地藏民完全外转需要7到8天,而旅行者可能需要两周时间。

9. 尼西

从香格里拉前往德钦的214国道沿途会经过迤逦的自然风光和文化景点，包括尼西、奔子栏、金沙江第一湾、噶丹东竹林寺和白马雪山。其中，以黑陶、木碗和土鸡闻名的尼西村值得停车看看。

从香格里拉出城约40公里便可以到达尼西。这里是交通枢纽，村子坐落在大山环绕的高原坝子中间，公路从村子边上的山腰间通过。还没有到达尼西，便可以看到在公路两边出现的大量黑陶制品商店和售卖尼西土鸡的餐馆。如果只是路过这里，想买点纪念品并且稍作停留品尝下土鸡，可以在路边的商店消费，如果还想深入尼西村子探访黑陶制作工艺，拜访当

尼西土陶

地的手工艺人，可以沿着公路往山脚下的村子走，大概5公里路程。

周围青山如黛，云雾盘旋于山顶，山涧的平地满满地铺着碧绿的颜色，可以看到散落在四方的藏式碉楼，白色的墙，蓝色的屋顶，显得干净优雅。传统的藏式民居是木质的屋顶，但是由于尼西地处山涧，雨水较多，造成当地民居屋顶渗水严重，由此政府便出资将屋顶改制为蓝色铁皮。

沿着公路绕着山腰一直下去便是以制作藏族黑陶而闻名的尼西乡汤堆村。这里除了慕名而来的游客外，少有旅客前往，因此也没有班车来往。如果幸运，倒

是可以招手搭车前往，好客的当地人一般不收费。

村子不大，人也不多。周围的田畴里面种植着玉米和其他庄稼，用石头垒成围墙，很有乡土风情。如果夏天来还可以看到不少盛开的向日葵，在碧绿的玉米地中间向你微笑。

汤堆村的孙诺七林是当地著名的黑陶手工艺人，曾获得云南省民间高级工艺美术师的称号，2009年获得国家级非物质文化遗产——藏族黑陶烧制技艺传承人的称号。进入村子，很容易就可以打听到孙诺七林的家，然后主人会热情地欢迎游客到家里了解黑陶制作工艺，购买产品。目前的黑陶制作依然保留着传统的工艺，从取土、制坯到焙烧都由村民在当地手工完成，一天只能做有限的几件作品。看着那些黑黝黝，造型独特的酥油茶壶、火盆和掺杂了现代元素的肥皂盒、烟灰缸和水罐，让人爱不释手，看了又看。相比较香格里拉古城的商店，这里的价格要便宜一半左右。

尼西的木碗制作集中在尼西乡以北的上桥村，位于金沙江峡谷。这里的手工艺人祖籍大多为云南鹤庆，现在已经融入藏族。这里的木碗工艺多样，有简单的素胎木碗，也有外表绘制有各种颜色的髹漆木器和外贴银箔的漆器。木碗是常见的器型，简单实用，外面的色彩浓重朴实，对比强烈，具有不同于厚重的黑陶产品的奔放生气。

如果在尼西多待一天，可以前往尼西乡附近新开发的景区——巴拉格宗国家公园。这个景区范围很大，里面包括有巴拉格宗雪山、巴拉村和乃当牧场等景点，如果徒步游览全程需要几天时间，而如果只是顺着旅游团队的常规路线走当天就可以往返，景区内部有环保大巴为旅行者代步。当然，既然是新开发的景区而且有游览车乘坐，费用自然不菲，目前全票含车费一共186元。

10．小中甸

小中甸镇位于香格里拉县城建塘镇之南36公里，镇驻地小中甸村，海拔

3 240米。由于原来的中甸县改名为香格里拉,所以我们很好奇,唯一一个现在还叫中甸的地方会是什么样的景色?

从香格里拉沿着滇藏公路一直向南便可以到达,交通十分方便。本来幻想着那里将会是怎样一个相似,或者不同于香格里拉风景的地方,谁知道

小中甸

才走出香格里拉坝子,公路两边就延绵不断地出现了纯净而自然的美丽景色。就如同从县城去往普达措、纳帕海和其他任何城外的路途上一样,香格里拉那梦境中的蓝天、白云、草甸、高山、牛羊、藏族碉楼、青稞架,都无一例外地会在路上不经意间出现。

香格里拉就应该是这样自然而然生长着的景色,在路边,在房檐下,在牛羊的嘴边,在雪山巅。初夏看浮在嫩绿的草原上的各色野花,秋天看点缀在草甸中的火红狼毒花,冬天在草原上看白茫茫的雪山。

小中甸只是一个很小的镇子,坐落在两块坝子当中,周围是逐渐高耸的群山。县城就坐落在这片绿草成荫的坝子中间。没有过多的建筑,除了正在新建的住宅楼,整个县城都是低矮的房屋和大量散落在草甸中的木屋。我们是周日去的,下午的县城人很少,很安静,仿佛一切都还没有醒来,一个偌大的农贸市场只有少量水果和干货售卖摊点。没走几步路就又出城了,很快望见大片的草地,有木屋安静地闲置着,用木栅栏围成一圈院子,里面盛开着金黄色的油菜花。外面更远的地方,有牛羊在漫步,一切都看不见时间的流逝。

小中甸的风景都散落在路上和镇子周围,如果想游览更多的景点,可以到小

中甸乡团结村的千湖山,这里是一个分布有大小不一数个高原湖泊的高山草甸。这样的自然景色当然只能徒步前往,整个线路在山间行进,耗时约3到4个小时,终点是此处面积最大的湖泊——黑海。如果是春夏季前来,可以沉浸在杜鹃花的彩色风景中,如果是秋季,则可以看到散布在绿色草原上鲜红的狼毒花。其他的景致,主要以自然的高山、草甸、藏民民居为主,都是原生态的香格里拉风景①。

此外,还有洋塘曲景区。在藏语中洋塘曲的意思是"鲜花汇聚的河畔"。洋塘曲景区也称为匿览挈恰景区,景区分布着香格里拉独特的高山草甸景观,并以白塔、玛尼堆、经幡、水车转经筒、天葬台、水葬台、藏式木楞房等人造景观为景点。游人可以乘坐竹筏牦牛船,欣赏藏民族歌舞表演、马术表演,体验当地藏族文化风情。

11. 茨中教堂

茨中教堂

茨中教堂位于德钦县燕门乡茨中村,红色的澜沧江就从村子旁边奔流南下。

---

①叶孝忠、易晓春、毛燕鸿、胡圳著:《中国旅行指南系列——云南》,三联书店2010年版。

这个隐藏在峡谷山林中的小村子因为一座天主教教堂而闻名——茨中教堂。很难想象，在这样山高谷深、人烟稀少的地方，在香格里拉这片藏传佛教盛行的土地上，还依然有一群人坚守着百余年前的宗教教义，延续着西方传教士历经千辛万苦带来的天主教。

茨中教堂由法国传教士于清同治六年（1867年）主持动工建设，光绪年间曾重修，由于其历史渊源和文化背景成为"云南铎区"的天主教礼堂①。

19世纪中叶，西方天主传教士进入迪庆，竭力将势力渗透到滇西北并力图扩展到藏区腹地。他们一路北上，通过建立教堂、发展信徒，在强大的藏传佛教势力中艰难地存在着。当地百姓们多为藏传佛教徒，自然不能容忍天主教士的传教活动，由此引发了"阿墩子教案"和"维西教案"。在1905年的"维西教案"中，愤怒的群众焚毁了澜沧江、怒江沿岸的10所天主教堂，杀死了法国传教士余伯南和蒲得元。当时清政府迫于帝国主义的势力，派重兵镇压僧俗民众，反洋教的群众抵抗了三个月最终被镇压下去。天主教会因此而获得了巨额赔款，在茨中约三分之二的土地上兴建了茨中教堂。"文化大革命"中，由于教堂被用做小学教室才免遭厄运的降临。

教堂的建筑形制颇有意思，为中西合璧的风格，整体上融合了巴斯利卡式教堂、罗马教堂的特色和中国传统木构建筑的特色。主体建筑为砖木结构，坐西朝东。其正面为高大的钟楼，钟楼的上部底座为中式斗拱形制，顶部是中式飞檐屋顶，形成一个高踞钟楼的小亭子，别具一格。经过多年风雨的洗礼，教堂外墙的灰白色砖石已经斑驳，黑色的水渍布满缝隙，犹如一尊不语的雕像，在青山蓝天的背景下显得无比庄严。

教堂内部的砖石结构散发着历史的味道，年代久远的印记一层层地叠加在曾

---

①邱宣充、张瑛华等编著：《云南文物古迹大全》，云南人民出版社1992年版。

经灰白的砖墙上。那些藤蔓植物的彩绘布满室内拱廊的表面，稍早的耶稣故事壁画已经斑驳，又被覆盖，唯有正前方的一面画像依旧鲜艳醒目。阳光从屋顶侧面的彩色玻璃上柔软地投射下来，下面简陋的木条长凳上坐着虔诚的教徒，和那些在喇嘛寺院中诵经焚香的同胞一样，安详地追寻着自己心中的香格里拉。

教堂的前面是两层传统的汉族砖木结构建筑，三面回廊，其中的一间房间陈列有20世纪二三十年代拍摄于滇西北地区的老照片。教堂的左右和后方有墙，从而形成一个典型的中国传统四合院形制。似乎，这里的教堂也胜任了中国塔的作用，成为一方土地精神的指引。教堂的后院有两排坟墓，北侧墓穴的墓碑上刻着死于1920年的法国传教士伍冬神父的名字，另一座已经没有姓名的墓穴埋葬的是瑞士传教士于伯良。茨中的传教士在1949年以后都返回了欧洲。后院还有两棵枝叶茂盛的大树，一棵是桉树，一棵是月桂树，据说都是当年传教士为解思乡之愁，用欧洲带来的树种种下的，至今已近百年，粗壮的树干要四个人才能合抱[①]。

大树四周是成片的葡萄园。这里的葡萄比常见的葡萄要小得多，仅指甲盖大小，颗粒小而饱满，口味甜中带酸。据说这种名叫玫瑰蜜的法国葡萄在法国本土已经绝迹，但是在云南偏僻的深山中依然生长良好。用它酿酒味道很独特，有名的"云南柔红"酒便是选用玫瑰蜜品种的葡萄酿制的。不仅如此，茨中的山坡上到处种满了葡萄，家家户户都有制作葡萄酒的器具。当年老百姓从传教士那里学会的葡萄栽种和酿酒技术承袭至今，村里每年酿制的葡萄酒由酒商包装后运到市场上销售。

茨中村有四五家由自家小楼改造而成的客栈，价钱便宜，可以在家用餐和品尝农户自制的葡萄酒，非常有意思。

[①]王寅《茨中教堂》载于《南方周末》2006年11月16日。

四、心中的香格里拉

1. 那些混迹在香格里拉的人们

很多人都会来到香格里拉,有的因为生活际遇而来,像《消失的地平线》里的康伟一行人,被香格里拉选择而来,有的则是慕名而来。独克宗古城里的很多店铺,都是异乡人开设的。本地人、异乡人在这里以一种和睦的状态相处着,就像希尔顿在《消失的地平线》中描述的,来到他那个神性香格里拉的人们形形色色,大家却都为那里的宁静与祥和留了下来。香格里拉不是完全与世隔绝的,它与外界有着千丝万缕的联系,有着最新式的设施,可是又不会被外来的事情过多地污染,人们按照自己的方式生活着。下面,我们来认识一些混迹古城,被香格里拉吸引而来的人们和他们的生活。

香格里拉是个四季分明的地方。春天冰雪融化;夏天草地上,深山里开满了大片的野花和杜鹃;而深秋,山就变换了颜色;到了冬天雪山开始显露巍峨的面貌。香格里拉独克宗古城里在很多时候是安静的,比如下过雨的清晨,石板路泛着清冷的光芒。你可以租辆自行车,到纳帕海附近逛逛,或者在藏族民居特有的露台上喝杯茶,晒晒太阳。这也是很多人到这里来的原因,从匆匆忙忙的生活中来到这里,慢下来,从容地生活。在香格里拉独克宗古城上开了一家客栈的张小艾是个面容清淡精致的女子,广州的阳光没有给她的皮肤留下一点晒伤的痕迹,可来到这地处高原的香格里拉就不一样了,小艾的脸上开始出现了淡淡的高原红。最初小艾离开广州,向着高原的方向走,却只走到了丽江,因为丽江那时候还不那么的嘈杂。后来小艾也看到了那本《消失的地平线》,也听到了许多关于香格里拉的传说,不同的人讲述着不同的故事,于是小艾决定到香格里拉来走走。当初离开，是为了逃离失败的婚姻，吵吵嚷嚷的都市生活让小艾疲倦不堪。于是，小艾向公司请了假，来到了香格里拉。小艾喜欢香格里拉干净的空气和悠远的天空，于是在这里住了很长时间。在这里小艾经常去逛寺庙，也认识了一群虔诚信奉藏传佛教的朋友，小艾觉得他们的生活非常简单纯净。小艾不信仰任何宗教，可是收到邀请的时候也会偶尔去参加他们的聚会。慢慢地她觉得藏传佛教非常的博大精深，而在听经的时候觉得自己特别宁静。最终，小艾做了藏传佛教居士，她说有点信仰也是很好的事情。有朋友打算在古城开个客栈，偶尔与小艾谈起这件事情，她突然来了兴致，有一间自己的客栈在古城，应该是很安心的一件事情吧。于是小艾和朋友谈到了投资，客栈就开在古城经幡下皮匠街的一条蜿蜒的石板路上，这样，和喧闹的四方街还有一点点的距离，可以在人多的时候相对地安静，而离古城的主要入口又不是很远，这样游客们也方便寻找。忙碌了一个月之后，小艾在香格里拉独克宗古城的客栈开张了，两层楼的藏式小院子，平坦的露台正好可以看到古城的风景，客人也可以在上面喝咖啡聊天，晒晒太阳。小艾把每一间屋子都当做自己的房间来布置，总是别出心裁地布置出温馨的气氛，让疲惫的旅客们住得舒舒服服。在香格里拉的日子，小艾觉得自己过得非常平和，再也没有为曾经生活中的事情烦恼。客栈开业之后不久，小艾也要回广州处理一些工作上的事情，她和一起合作的朋友约定好，大家轮流来打理客栈。这样，每年小艾回到都市，都会觉得工作起来得心应手，而来到香格里拉的时候，又可以把城市中一些纷扰洗刷掉。为了经营好这个客栈，为了自己的另外一个家，也为了向更多的游客们介绍关于香格里拉的风景和她自己在香格里拉发生的故事，小艾自己做了一个关于客栈的网站。

在香格里拉的独克宗古城里，房子都是藏式的，而来到这里开店的人，多半保持了房屋的藏式风格。就像开在古城里的"阿若康巴"酒吧，就是一间纯木质构架的两层小楼，屋里布满了精美的藏式雕刻，餐桌布置也是藏式的。置身于酒吧里，听着藏族古老悠远的音乐，让人忘却尘世烦恼。这个酒吧是由瑞士籍华人和从印度回家乡的藏族小伙开设的，而厨师则从遥远的尼泊尔请来。酒吧老板说自己走过许多城市，因为喜欢这里寂静的山谷，干净的空气才来到这里，也因为大城市里的人情关系太复杂，来到这里，似乎一切都很简单，就像散落在纳帕海上的牛羊花朵。在这里每天开店，有客人的时候大家海阔天空地瞎侃，大家都是陌生人，无论说什么都行。老板说，这就是在路上相遇的魅力，大家谁也不认识谁，相遇了算是有缘分，一起度过短暂的快乐时光，走了就洒脱地挥挥手告别，没有什么负担，这样的相处方式倒是非常的轻松。我觉得这老板说话很有哲学意味。没有客人的时候就煮杯咖啡，捧一本书在靠窗的座位上静静阅读，或者上网看看外面的世界又发生了什么事情，不会太寂寞，也不会太喧嚣，一切都是刚好。老板说就好像《消失的地平线》中提到的那个香格里拉，和谐来源于适度的美。等我问起他是不是因为这本书来到了这个地方，老板说这倒也不见得，很久以前就看过这本书，当时其实没有太多感觉。关于桃花源的事情也听过很多，其实并没有觉得多么神秘，再说书也只是个虚构的故事。至于自己心里的圣地，只有自己去找寻。淡季的时候，他会背上包出去四处走走，去德钦，去稻城，去西藏，去尼泊尔，也会回到大都市，打理一些事情，"在出世和入世之间找一个平衡点，安心地生活"。这是在我们离开时他说的话，我把这句话记在心里，若有所思地走在古城的石板路上，而香格里拉的天空，一直如此高远。

在独克宗古城开着一间手工艺品店的梅子是土生土长的香格里拉人，她在昆明读完了大学又回到了香格里拉。刚刚离开家乡中甸到昆明读书的时候，还没有想过要回来，那时候中甸也还不叫做香格里拉，后来大学毕业，在城市中混迹了几年，生活也很好，只是越来越想念家乡。梅子在外生活的时候，每年都要回家乡看看，自从旅游开发以后，家乡也是一天天的变化。特别是在中甸更名为香格里拉之后，家乡的建设更是日新月异。某一年的假期，梅子回家乡，去了一趟尼西镇的老家，家里的姑姑生活还是一样的清贫，姑父是做藏式黑土陶的好手，做出来的作品精细又实用，而姑姑纺线绣花也是一把好手，可是这些精巧的手工艺品却只是家里的摆设，没能为家乡的人带来任何利益。梅子看到了这样的情况想起来在昆明或者丽江的那些工艺品商店，昂贵的价格正是这个时代缺乏手工艺人的写照。于是梅子产生了开家店铺把家乡亲戚手工做成的工艺品拿去销售的想法，而比起其他地方昂贵的租金，日益喧闹起来的香格里拉，独克宗古城的确是个不错的选择。就这样，梅子的小店开张了。开始的时候，梅子会每隔一段时间走村串寨地去跟乡亲们买他们做好的工艺品，那些古朴的黑陶，寺庙里喇嘛画的唐卡，心灵手巧的藏族姑娘用绿松石或者天珠穿成的项链。等到生意越来越好，来旅游的人越来越多，梅子开始向老乡们预订一些手工艺品。独克宗古城上不久就开了许多家工艺品店，而来旅游的顾客的需求也在不断地变化。这时候梅子又有了其他想法，她开始阅读一些设计方面的书籍，浏览国外有关设计方面的网站。梅子是想把古老的手工艺与现代设计相结合，在店里的时候，梅子也会不断地和客人聊天，了解他们的想法。把这些想法综合起来之后，梅子按照自己的思想把设计的方案和图纸给家乡藏区的工匠，这样，梅子店里的东西总是充满新意与惊喜。渐渐地会有客人来预订一些东西，梅子干脆开了一个网店，专门卖藏族手工艺品，据说生意很不错。而梅子也会把很大一部分的收益反馈给乡亲们，让他们用自己的双手创造出美好的生活。生意清淡的时候，梅子会去昆明，或者去全国各地，看展览，使自己更加充实。她说她热爱自己的家乡，无论叫中甸还是香格里拉，虽然随着游客的增多，古城显得有些喧嚣，可是看着家乡亲人们的生活越来越好，总还是值得高兴的。

小华是香港一家 NGO（non-government organization，非政府组织）在香格里拉项目的第一批义工，在大学里学习社会工作专业的她最初来到香格里拉是为了写研究生的毕业论文，即关于各类 NGO 在中国的项目开展状况，香格里拉是她的取样需要的一站。那时候小华没有想到的是,那一次与香格里拉的相遇,会让自己从此与这个地方结缘,一次又一次地来到这个地方。"香港妇协何超琼手工艺中心"是由香港各界妇女联合协进会副主席、信德集团有限公司董事总经理何超琼捐赠30万元建成的,中心的主要作用是作为香格里拉各族妇女参与地方民族工艺制品开发、销售的场所,工作人员会定期举办讲座,给当地妇女传授一些工艺美术的知识,可以让她们制作一些工艺品在中心售卖,而来到这里的义工们主要是定期开办一些培训班,如英语培训等等;同时,中心的图书馆随时向所有人员开放,也会放映一些电影,把外面的世界带给当地的孩子们。小华在做论文的过程中,不仅认识了许多当地人,也和中心的工作人员成了好朋友。论文圆满结束了,可她却舍不得走了。她在还没有找到工作之前,中心的员工们热情地邀请她在这里做义工。于是,小华留了下来,给这里的孩子们上课,带着他们做游戏,她说自己似乎变成了孩子王。闲暇的时候,小华会背上包走到大山深处的藏族村落里去,去拜访那些藏民,同时也把来自外界的信息带给他们。大山里面的人们似乎对于外界的事情一无所知,无论是轰轰烈烈的中甸更名香格里拉的争论还是声势浩大的仪式,他们一直安静地生活在这里,无论这个地方是不是香格里拉。后来小华遇到了同样是来香格里拉做义工的杨晨,他们一起给孩子们上课,一起到大山里漫游,一起在另外的城市找到安稳的工作,有了安稳的家。可是每年他们都还是会回到香格里拉来,看看那些孩子,那些好朋友。小华说她不知道这里是不是传说中的香格里拉,正如《消失的地平线》里面记叙的,不是她选择来到这里,而是冥冥之中,香格里拉选择了她。这片圣地的生生不息来源于不断有新鲜血液的注入,不断需要新的人来补充,带来一些尘世的新的东西与陈旧更迭,就像是沧海桑田的变换。虽然自己只是做了很少的事情,可是小华觉得,自己还是为香格里拉的变化带来了一些东西,而更重要的是,对于她自己来说,因为在这里,她最终找到了平静,找到了真爱,找到了自己心中的那片圣土,无论她是在这里还是在都市,心中的宁静都是一样的。

马克和艾德森是经常一起出游的好朋友,来自英国的他们是第二次到中国来了。第一次来的时候去了青海、新疆,还有北京,他们只能夸张地说中国实在是太大了。是啊,如果光是走马观花地走过中国,没有几个月是不行的,更别说要深入地认识、了解这个地方了。马克说他们来到香格里拉也是纯属偶然,当时的行程计划是到中国广西。在行程之前,伦敦《泰晤士报》的副刊里偶然地登载了一篇介绍中国西南丽江、香格里拉的文章,文章中说,这片土地是中国最美的地方之一,于是,他们果断地在网上定下了行程,就来到了香格里拉。我问起他们关于香格里拉的知识,他们说不怎么知道,除了听说过那本书。艾德森是一个现实的小伙子,他说他可不想找什么世外桃源,只想看看美丽的风景,休闲一下,如果可以的话还想登雪山。马克却对中国的文化、宗教非常感兴趣。他们说飞机经停昆明之后就直接飞往香格里拉机场,中途看到那么多的高山实在是非常气派,因为在英国大部分都是平地,要看大山只有去苏格兰,可是即使到了那里,也没有这样延绵不绝的山峰。香格里拉的食物也让两个小伙子着迷,牦牛肉火锅让两个人赞不绝口。另外,藏传佛教松赞林寺的恢弘气势和神秘的宗教气氛让马克非常着迷,在香格里拉两周之后,马克居然可以把藏传佛教的发展历史,各位法王,藏传佛教莲花生大师的故事娓娓道来,并且开始对神奇的藏药产生了兴趣,他说打算带一些回国,也把香格里拉神奇的文化带回英国去。不过,在聊天中,马克和艾德森也说起关于对香格里拉商业过度开发的反感,从下车的第一天蜂拥而上的招揽生意的本地人,到高昂的景点门票和包车费都让二人手足无措。他说道,在英国大部分旅游地区都是没有门票的,或者只收很少的费用,而这里的价格,对于他们来说也是非常贵了。他们开玩笑地说,原来书中的圣地,无数人不断寻找的香格里拉是需要你买门票才能进去的地方,看来不是谁都可以去的。

从丽江经过虎跳峡进入香格里拉,玉龙雪山、哈巴雪山、石卡雪山一点点地出现在我们面前,雪山常常会被认为是有神仙居住的地方,特别在藏传佛教里被人们膜拜。在一般人眼里,常常把亘古不变的高山作为永恒的象征,而矗立千年的雪山更是这样。于是,很多人选择来到雪山底下拍摄婚纱照片,期望爱情能像雪山一样永恒。而这次来这雪山脚下拍摄婚纱照的人却不是经常出现,只因为新娘是位金发碧眼的法国姑娘,新郎则是中国人。就像希尔顿在《消失的地平线》一书中描述的,在香格里拉被康伟爱上的蒙古族姑娘罗珍一样,或许爱情是没有时间、空间、年龄、民族、文化的界限的。法国姑娘艾米莉亚第一次来到香格里拉是三年前,那时候的她是一个独立、勇敢,热爱自由的姑娘,还有点稍微的女权主义,在旅游杂志当编辑的她把周游世界也当做了一份工作。艾米莉亚去过许多许多地方,很多时候都是一个人行走,她说她喜欢独自旅行,一个人看看路上的风景。这次艾米莉亚来到香格里拉也是受到了那本《消失的地平线》的影响,虽然她知道中甸叫做香格里拉只是政府更名的行为,可是她还是想来看看这些纯净的草甸和雪山。艾米莉亚的行程从丽江开始,到了虎跳峡,徒步走完了可以看见玉龙雪山、哈巴雪山的那条山间道路,搭车来到了香格里拉县城,接下来,她的行程是去德钦看梅里雪山。她来到香格里拉的时候正是夏季,接下来的几天里,香格里拉被雨水冲洗过,显得更加的青翠,而大片宁静的高原牧场让艾米莉亚觉得仿佛不在人间,她几乎都想留在这安静的仙境不想走了,每天穿着拖鞋在古城的石板路上晃悠,租一辆自行车骑到纳帕海的环湖路上看看宁静的湖水和散落一地的野花牛羊。可是雨水也给她接下来到德钦看梅里雪山的行程带来了麻烦,一直下雨,路上有一些地方出现了滑坡和塌方。虽然客运站的长途客车停运,可是由于行程的安排,艾米莉亚还是决定搭乘当地人运营的中巴车前往。一路上不时有云朵飘出山间,车子在某一处转弯的地方突然停下,山上的碎石翻滚而下,艾米莉亚的心里真的有些害怕了。由于路基塌陷,有一小段路只有让所有乘客下车行走,艾米莉亚背着包喘息地走在山路上,突然觉得被人猛地一拽,往后退了几步，前面一块大石轰然滚下。惊魂未定的艾米莉亚回头一看，原来是刚刚坐在后排同为雪山朝圣者的另一个人。刚刚经历风险的两人开始攀谈，张辰是来自重庆的英语老师，曾经留学英国的时候还去过艾米莉亚的家乡，周游世界，也是他的梦想。两人于是有了许多共同话题，一起走向雪山。夏季的游客总是抱怨和雪山没有缘分，这个季节雪山总是躲进云层里，难以看见她神圣的面容。这次艾米莉亚和张辰的运气也一般，始终没有见到梅里雪山。在德钦和香格里拉游荡了几天之后，两人一同返回，艾米莉亚回国之后，他们一直通信，直到她决定来到中国，做他的新娘。两人约定要来香格里拉拍摄他们的婚纱照片，让见证他们相遇的雪山和风景也见证他们的爱情。后来艾米莉亚在重庆当了法语老师，同时和丈夫一起周游世界，可是隔一段时间他们总还是要回到香格里拉，这里，是他们心目中的圣地。

在这美丽的香格里拉还混迹着许许多多的人，比如开驴友俱乐部的 Rico，每天的生活就是组织前来游览的游客们拼车，发掘最神秘，最具有挑战的路线，组织大家搭帐篷，草原烧烤，看星星，他说他把玩当做生活，生活也就是游戏。谁能说生活不能这样过呢？还有来自于尼泊尔的厨师阿吉，有着古怪的尼泊尔名字。大家都不会发音，只有根据第一个字母叫他阿吉。几年前阿吉随同其他伙伴做生意来到这里，其他人走了，他却留下了，倒不是因为这里风景特别优美，或者是因为这里和尼泊尔同属雪域高原，风景相似，而是他在这儿遇到了自己的藏族姑娘尼玛。两人开了餐厅，阿吉会做许多不同的菜，印度的，尼泊尔的，西式的，中餐，还能说会道，来到香格里拉没几年，他的中文说得挺溜的。每天有很多老顾客来光顾，和阿吉聊天。还有许多随意而来，和香格里拉相遇，又各自走开的人们，他们都是和香格里拉这美丽土地有缘分的人。而香格里拉的风景，古城的石板路，千年的雪山，似乎也是宽容地容纳着那些来自不同地方的人，天地有大美而不言。

每天傍晚，当太阳一点点地落山，香格里拉天空的颜色总是显现出一种纯洁的深蓝。夏夜的凉风吹过，独克宗古城上的店铺一家家亮起了华光，光线照映在石板路上，流离闪烁光芒，让整座古城宛如天堂。每当这个时候，就会有很多人在古城里闲逛，懒懒散散的，在这些古老的石板路上随意走走。这样的景象不禁让我浮想联翩，我猜想，一百年前，有些什么样的人走过这些石板路，而他们又有些什么故事呢？他们会是漂洋过海而来的探险家，还是跋山涉水到达这里的传教士，或者是一个从藏区进城购物的美丽藏族女子。香格里拉独克宗古城，曾经还是茶马古道的重要驿站，那些远道而来的马帮，在这里整理行装，好好休息之后继续前行，经过尼西、奔子栏、阿德酋，到达盐井、芒康、昌都，[1] 直到西藏。这些百年之前的人在走过独克宗古城这些石板路的时候，在想些什么呢？他们的生活是怎么样的，在旅途中遇到了什么人和事，对于这片土地，又有着怎样的情怀。他们的生活和今天在古城徜徉的旅人们，该是非常不一样的吧。无论怎样，大家都在不同的时间走过了这一片神奇的土地，感受过她神性的光芒。

2．那些向往着香格里拉的人们

自从詹姆斯·希尔顿创作的《消失的地平线》问世以来，无数人向往和追寻着那片和谐圣洁的土地，在西方人眼里，香格里拉所有的适度与和谐，人迹罕至而又不失现代气息，那种民族宗教文化的终极融合，以及所体现的东方风情不仅在那本书出版的战争时期抚慰了无数想要逃离战争的人，也在其后的几十年里抚慰了无数的世人。

那些向往着香格里拉的人当中，最著名的也许要算美国总统富兰克林·德拉诺·罗斯福，他是第32任美国总统。他是20世纪世界经济危机和世界大战的中

---

[1] 和丽萍著：《雪域秘境——香格里拉》，云南人民出版社2008年版。

心人物之一。自1933年至1945年，他连续出任四届美国总统，且是唯一连任超过两届的美国总统。在《消失的地平线》出版之后，罗斯福总统被认为是这本书的忠实读者，1942年，他把他的疗养地取名为"香格里拉"。

这一处现在被称为戴维营（David Camp）的疗养胜地，最初名为"卡托克廷山庄"，是卡托克廷山地三大公共游乐园之一，位于首都华盛顿西北120公里处的马里兰州卡托克廷山间，海拔约548.6米，占地约5平方公里，乘直升飞机由白宫出发到此只需要短短的30分钟。最初它是美国联邦政府工作人员及其家属的休假地，次年便成为罗斯福总统的专用疗养所，此后即辟为美国总统专用的休闲避暑胜地。富兰克林·罗斯福总统把这里作为总统的避暑别墅和休养地，并根据英国作家詹姆斯·希尔顿1933年出版的小说《消失的地平线》，给其取了一个具有诗意般的美名"香格里拉"。此后，在1953年艾森豪威尔总统又以他最疼爱的孙子戴维的名字，命名了这块度假胜地，遂将其改名为"戴维营"。此后有一段时间，戴维营又被更名为"三号营地"，直至1960年尼克松任总统时，才又恢复了"戴维营"这个称谓①，也许正是这个天真无邪孩童的名字，更能让来这里度假的总统们找回那种自然休闲的纯真感觉。或许就是因为疗养院的安宁与总统心中向往着的宁静祥和的"香格里拉"有着共同之处，而在遍寻不到真正"香格里拉"的时候，这里可以暂时安抚这位总统的心情。

后来在1942年4月18日，美国向日本本土首次进行了空中轰炸攻击任务——空袭东京，以作为对日军突袭珍珠港的报复，而当被问起这些战机从何而来的时候，罗斯福总统还开玩笑地说他们都来自"香格里拉"。也是因为总统的这句话，使得美国出现了一艘叫做香格里拉的航空母舰，它是一艘隶属于美国海军的航空母舰，为埃塞克斯级航空母舰的二十号舰，在非官方上亦是长舰体埃塞克

---

①参见百度百科戴维营词条 http://baike.baidu.com/view/407137.htm

斯级的十号舰。它是美军第一艘以香格里拉为名的军舰，舰名虽取自小说《消失的地平线》中的理想国度，但实出于纪念杜立德空袭东京一事。事缘美国总统罗斯福在空袭后被问及 B-25 轰炸机从何起飞时，仅以"香格里拉"一词作答，避过谈及轰炸机由大黄蜂号起飞的军事机密。香格里拉号在 1943 年开始建造。其时大黄蜂号已在数月前的圣克鲁斯群岛战役中沉没，使香格里拉号亦有纪念其战损之意。1944 年香格里拉号下水服役，在 1945 年开始参与太平洋战争。战后香格里拉号在十字路口行动担任美军观测舰，在稍后退役停放。朝鲜战争爆发后，香格里拉号同时进行了 SCB-27C 及 SCB-125 现代化改建，并在期间重编为攻击航母（CVA-38）。改建完成后香格里拉号重返现役，此时朝鲜战争已经停火。接着香格里拉号留在大西洋舰队服役，并在越战期间短暂到西太平洋服役。

1937 年，另外一位受小说《消失的地平线》影响颇深的美国慈善家 Lutcher Stark 在美国德克萨斯州的家乡小镇开始创造一个美丽祥和的，只属于自己的世外桃源——香格里拉。这座庄园中的湖泊被美丽的杜鹃花和草坪所环绕。庄园中的大部分地区只有通过碎石小路才能到达。香格里拉庄园于 1946 年完工，在后来的数十年中，这座庄园经常对公众开放。至今为止，一些人仍能够回忆起当年他们在香格里拉庆祝复活节时，Stark 在他的游艇上开心地注视着大家的情景。后来庄园在暴风雪中被损坏，非常可惜。2008 年，在 Lutcher 基金会的支持下，这座植物园被翻修完毕，新的香格里拉植物园坐落在城中心。庄园的围墙之外，你可以看到敞篷货车驶过汉堡摊、小型购物中心以及典当铺。但是在这些喧闹之中，你能够找到《国家地理》杂志里面出现的风景。在夏天，来自别的地方的大型鸟类会在那里筑窝。木板道路和科普中心为参观者提供了一个观赏美丽的沼泽和草场的机会。

虽然这是一处人工建造的仙境，可是却也体现着真正的"香格里拉"的神性，在《消失的地平线》中的香格里拉，唯一的原则就是要保持友好、和谐与适

德克萨斯州的香格里拉

度的美。在植物园和自然中心，这条原则被改写作为他们的座右铭：善待周围的世界。当你开车进入到这片土地时，就会一眼看到这句用不锈钢字母拼写的话。这里让香格里拉的精神不断传承下去。

《消失的地平线》出版到现在，有许许多多来自世界各地的探险家、历史学家、旅游爱好者或者就是朝圣者在找寻着香格里拉，包括在"二战"中纳粹德国也曾派遣过一支探险队到西藏，希望能够找到传说中的"香格里拉"。他们找寻的或许不是一个具体的地方，而是心中的一点安慰，一座高于俗世的乐园。

美国探险家 Ted Vaill 也是詹姆斯·希尔顿的小说的忠实书迷，他在很年轻的时候第一次阅读《消失的地平线》的时候，就被这部小说深深吸引，后来，成为一名律师的他从未放弃对于香格里拉的追寻，二十年来一直在考察关于希尔顿和他的香格里拉的故事。1989 年，他和有着同样兴趣的另一名探险家 Peter Klika 一拍即合，开始对香格里拉集中地研究，他们甚至找到了 1938 年好莱坞电影《消失的地平线》中已年界 93 岁的演员，并对她进行了采访。据该演员当年与詹姆斯·希尔顿的交谈内容获知，当年希尔顿写作的灵感和参照，确实有些来自于美籍奥地利探险家约翰·洛克曾经的考察日记。在查阅了多方资料之后，他们组织了一支探险队来到中国，进行了一次找寻香格里拉之旅。在探寻香格里拉的旅途中曾经有过这样的描述："我和 Peter Klika 去年来到西藏，希望在那里找到希尔顿《消失的地平线》书里描述的那个香格里拉的真实地点，我们找到并且在那里拍摄了一部纪录片，来记叙我们找到它的过程。为了到达那个地方，我们首先在路上行驶了四天，这四天的行程非常的艰苦，路况十分糟糕，可是，这都不是最艰辛的。我们在车子无法前行的地方下车，接下来的 10 天我们将会徒步走过。在这个高海拔区域，10 天的行程是十分困难的，我们沿着藏族人的转山路线走过了三座神山，并且在那里获得了喇嘛的祝福。"在这次探险中，他们找到的当地许多风景和人文都和詹姆斯·希尔顿的小说中的描述非常相似。后来，他们拍摄的纪录片《找寻香格里拉》在 2007 年的戛纳电影节上首映。在听说关于中国云南中甸更名为香格里拉县之后，Ted 发表了自己的看法，他坚持自己的调查，表示在中甸和稻城之外的木里地区才是真正的香格里拉，他说道："在木里地区人们都生活得非常幸福，能到那里的游客都是藏传佛教的朝圣者，让其他地方不断去开发旅游资源好了，让木里保持着自己的宁静吧。"

关于"香格里拉"何处寻的争论或许还将延续很久，对于许多人来说，让"香格里拉"保持着她神性的光芒或许更加好些，让她成为一个神圣的、圣洁的存在，不管她在什么地方，都会用她的光芒抚慰着世人疲倦的心灵。或许每个人都有一个自己的香格里拉，让我们在各自的朝圣路上慢慢地去发现吧。